W0181160

SCORPIO

Rene Stauffer

DAS GEHEIME SYSTEM

Wie die Sonne unsere Finanzwelt
und die Börsenkurse steuert

SCORPIO

Mehr über unsere Bücher:
www.scorpio-verlag.de

Mix
Produktgruppe aus vorbildlich bewirtschafteten
Wäldern und anderen kontrollierten Herkünften
www.fsc.org Zert.-Nr. GFA-COC-001262
© 1996 Forest Stewardship Council

© 2009 Scorpio Verlag, Berlin · München
Umschlaggestaltung: Hauptmann & Kompanie
Werbeagentur, Zürich
Satz: BuchHaus Robert Gigler, München
Druck und Bindung: Pustet, Regensburg

ISBN 978-3-941837-01-0

INHALT

VORWORT

»Ich glaube, dass Banken unsere Freiheit stärker gefährden als stehende Heere.«

Thomas Jefferson (1743–1826), Präsident der Vereinigten Staaten

Seit September 2008 ist unsere Welt nicht mehr dieselbe. Es war, als hätte jemand eine Bombe gezündet. Innerhalb von Stunden fielen Aktienkurse ins Bodenlose, Milliardenwerte wurden vernichtet, Banken kollabierten. Der Schock saß tief – vor allem bei jenen, die ihr Erspartes professionellen Anlegern anvertraut hatten und plötzlich vor dem Nichts standen. Ein fataler Dominoeffekt schien die Finanzwelt in Schutt und Asche zu legen, ganze Volkswirtschaften gerieten ins Trudeln. Und die Politiker mussten ratlos zusehen, wie die Verantwortlichen sich aus dem Staub machten.

Seitdem werden wir mit immer neuen Horrornachrichten konfrontiert. Erst nach und nach zeigt sich das ganze Ausmaß einer Finanzkrise, die sich mittlerweile zu einer globalen ökonomischen Krisensituation ausgeweitet hat. Nicht nur Profis fragen sich: Wie konnte das geschehen? Warum haben kompetente Wirtschaftsfachleute das Desaster nicht vorhergesehen? Warum versagten ihre komplexen Steuerungsmechanismen? Warum war niemand in der Lage, die Anzeichen für ein Kippen des Systems zu erkennen? War es Blindheit? Fahrlässigkeit? Oder ist die Welt der Zahlen vielleicht gar nicht so logisch, wie es auf den ersten Blick scheint?

Um Logik und Vernunft geht es offenbar nicht. Was auf den gesunden Menschenverstand wie ein unmissverständlicher Warnschuss wirken musste, hat die globalen Finanzjongleure kaum erschüttert. »Business as usual« steht auf der Agenda der Banker und Analysten. Sie machen genau dort weiter, wo die Krise ihren Anfang nahm, und werkeln noch immer an ihren störanfälligen Strategien. Bestätigt werden sie von der internationalen Politik. Milliardenschwere Hilfspakete wurden bereitwillig in die dahindümpelnden Finanzinstitute gepumpt. Und während sich mancher Steuerzahler angstvoll fragt, wann ihm die Rechnung präsentiert wird, werden in den Chefetagen der Banken bereits wieder schwindelerregende Boni ausgezahlt.

Verkehrte Welt? Verrückte Welt? Man muss kein Ökonom sein, um die Diagnose eines zutiefst irrationalen Finanzmarktes zu stellen. Offenbar haben sich die Systeme des Geldflusses längst von den realen Wirtschaftssystemen abgekoppelt. Die Börsen führen ein unberechenbares Eigenleben und können funktionierende Volkswirtschaften empfindlich schwächen, wenn nicht zerstören. Die alte Gewissheit, dass Geld die Welt regiert, ist zur Bedrohung geworden. Umso dringlicher ist es, einen Blick auf das geheime System zu werfen, das hinter dem sichtbaren System der Aktienmärkte und Finanzflüsse steht.

Dieses geheime System geht uns alle an – denn wir alle sind davon abhängig. Es beeinflusst unsere Arbeit, unseren Wohlstand, unsere Rente. Es legt den Rahmen fest, in dem Politik noch handlungsfähig bleibt und die Voraussetzungen für eine gerechte Gesellschaft schafft. Soziale Leistungen, Bildung, Umweltschutz, die Basis unseres gesamten Lebens wird uns unter den Füßen weggezogen werden, wenn wir nicht endlich begreifen, was hinter den geschlossenen Türen passiert. Wir haben unser Vertrauen verloren – und das ist gut so. Es ist an der Zeit, den Schleier des Geheimnisses zu lüften, der die Finanzwelt umgibt.

Seit vielen Jahren beschäftige ich mich wissenschaftlich mit der Wirkung kosmischer Einflüsse auf unser Leben. Bei meinen Recherchen fand ich heraus, dass physikalisch messbare Randbedingungen alle biologischen und psychischen Vorgänge auf der Erde steuern. Diese Randbedingungen sind vor allem Planetenkonstellationen und Aktivitäten der Sonne, die Veränderungen des Erdmagnetfelds nach sich ziehen. Wertet man die wissenschaftlichen Messdaten aus, lässt sich ein brisanter Zusammenhang kosmischer Einflüsse mit dem Denken und Handeln der Menschen nachweisen. Auf der Suche nach Erklärungsmodellen fand ich aufschlussreiches Material, mit dem ich schließlich auch einen neuen Zugang zu den auffallend irrationalen Vorgängen an der Börse fand.

Je tiefer ich mich in dieses Thema einarbeitete, desto überraschter war ich von den Phänomenen, die ich im globalen Finanzkasino vorfand. Denn den internationalen Spitzenkräften von Banken und Börsen geht es vor allem um Macht, um die totale Macht. Um sie zu erhalten und das Finanzsystem zu kontrollieren, sind sie seit langem den kosmischen Einflüssen auf der Spur. Auffallend viele Akteure lassen sich – wie es traditionell auch Politiker tun – von der Astrologie leiten; andere beobachten sehr genau, welchen physikalischen Feldern wir ausgesetzt sind, in Abhängigkeit von Faktoren, die zu den unwandelbaren Bewegungsgesetzen unseres Universums zählen.

Seit langem verfügen Banken, Anlageberater und Trader über ein geheimes Herrschaftswissen, das sie ängstlich hüten und im Verborgenen weiterentwickeln. Die Entscheider, die hinter den Kulissen operieren, handeln aufgrund von Theorien, die mich staunen ließen. Oder hätten Sie gedacht, dass sich seriöse Banker neuerdings an den Zyklen von Sonnenflecken orientieren? Dass sie sich der Astrophysik bedienen, um sich erfolgreicher auf dem Aktienmarkt zu behaupten?

Folgen Sie mir also in die rätselhafte Welt der Hochfinanz. Lassen Sie sich aufklären, wie das geheime System funktioniert. Danach werden Sie die täglichen Nachrichten von Bankgeschäften und Aktienbewegungen mit anderen Augen sehen – nicht mehr als hilfloses Opfer, sondern als aktiver Mitspieler. Denn auch wenn Sie sich im Systemzwang glauben, haben Sie doch Spielräume, die Sie nutzen können, um Ihr Geld zu retten, und weit mehr als Ihr Geld. Sie sind nicht ausgeliefert, vorausgesetzt, Sie verstehen, wie das Finanzsystem gesteuert wird. Halten Sie es mit Immanuel Kant. Sapere aude – wage zu wissen!, war sein Credo. Ich wünsche Ihnen eine spannende Lektüre.

1. KAPITEL: STERNENPOKER

Das Kasino der Finanzmärkte

Haben Sie schon einmal einen Spieler am Roulettetisch beobachtet? Ich meine nicht jene gutgelaunten Zaungäste mit dem Champagnerglas in der Hand, die aus purer Langeweile ein paar Jetons auf das Spielfeld werfen. Ich spreche von jenen hochkonzentrierten Spielern, die einen Notizblock in ihren Händen halten und sich jede gefallene Zahl notieren. Die mit Bedacht und Überlegung setzen, überzeugt davon, dass sie ein todsicheres System haben. Sie wollen den Zufall zähmen. Sie glauben an ein Muster, das die Roulettekugel in bestimmte Zahlenfächer der Drehscheibe fallen lässt. Sie haben ihr ganz eigenes System. Und nur zu oft spielen sie sich um Kopf und Kragen, weil sie jede rationale Erklärung in den Wind schlagen.

Für solche Spieler haben die meisten von uns wenig mehr als ein Achselzucken übrig. Zu abstrus, zu abwegig erscheint es uns, dass jemand ernsthaft an äußerst wackelige und nicht beweisbare Prognosen glauben könnte. Doch auch wenn es abenteuerlich klingt: Die Protagonisten der Finanzwelt sind längst zu Spielern geworden. Unser Bild vom honorigen, verantwortungsbewussten Bankdirektor, dem wir unsere Werte anvertrauen dürfen, hat ausgedient. Längst sind es smarte Manager, risikofreudige Trader und gewitzte Analysten, die das Ruder übernommen haben. Sie setzen immer wieder auf Sieg – und scheitern oft. Unser Finanzsystem ist zum Kasino geworden. In den letzten Monaten waren wir unfreiwillige Zuschauer der Exzesse, die durch Gewissenlosigkeit und Fahrlässigkeit möglich werden. Im Finanzkasino gehören sie zur Tagesordnung. Inzwischen weiß jeder, welche desaströsen Auswirkungen das alles haben kann.

Einige Bankmanager und Anlageberater aber feiern trotz der Krise weiter Erfolge. Diese Leute sind meist bestens ausgebildete Spezialisten. Sie haben die internationalen ökonomischen Eliteschulen besucht. Sie kennen jedes Szenario und jede Taktik des Finanzwesens. Dennoch reicht dieses Wissen oft nicht aus, das müssen sie sich immer wieder eingestehen. Todsichere Tipps erweisen sich als Nieten, stabil geglaubte Aktien geraten plötzlich ins Rutschen und verursachen gewaltige Entwertungen ihrer Anlagen.

Verständlich, dass deshalb nach neuen, zuverlässigeren Strategien gesucht wird. Seit langem schon wird hinter vorgehaltener Hand darüber gesprochen, dass in den hochmodernen Bürotürmen der internationalen Hochfinanz ganz andere Dinge passieren als die nüchterne Extrapolation von Zahlen und Fakten. So mancher Entscheider, der über seinem Laptop brütet und Diagramme auswertet, folgt längst nicht mehr den festen Gesetzen der Ökonomie. Im Herzen der technisch hochgerüsteten Steuerungszentralen regiert ein Mix aus Spekulation, Prophezeiung und Intuition. All die hochbezahlten Spezialisten treten seriös auf, dennoch folgen sie oft Maximen, die nichts mehr mit scheinbar vernünftigen Parametern zu tun haben. Auf der Suche nach Deutungen und Prognosen haben sich die Herren über unser Geld von der Realwirtschaft getrennt und folgen Mechanismen, die ganz anderen Sphären entstammen.

Willkommen also in einem Terrain, das so spannend ist wie ein Thriller. Es könnte sein, dass Sie starke Nerven brauchen. Denn je mehr Sie erfahren werden, desto mulmiger könnte Ihnen werden. Auch wenn wir vom großen Kasino sprechen: Das alles ist kein Spiel. Es ist die bitterernste Realität eines globalen Finanz- und Wirtschaftssystems, das über das Schicksal ganzer Völker entscheidet. Öffnen wir also die dicken Stahltüren der Tresore, in denen sich das Geheimwissen der Mächtigen befindet.

Wissen ist Macht. Dieser Satz gilt ganz besonders für die Akteure des Finanzmarkts. Deshalb fahnden sie unaufhörlich nach neuen Erklärungen für das Auf und Ab der Aktienkurse. Zu den althergebrachten Strategien, die jenseits des ökonomischen Wissens angewendet werden, gehört die Astrologie. Die Interpretationsmuster der Sterndeutung scheinen wie geschaffen für eine übergeordnete Theorie, die Ordnung in das Chaos bringt. Auf die schwierige Entwicklung der Finanzmärkte reagieren viele Investoren und Anlageberater nach wie vor mit dem Blick zum Himmel. Astro-Ökonomie ist ein Begriff, der zum Zauberwort geworden ist.

Viele Finanzexperten sind der Meinung, dass sie mithilfe der Astrologie die Entwicklung von Preisen und Kursen genauer berechnen könnten als mit herkömmlichen Mitteln. Nach Einschätzung des Anlageberaters Henry Weingarten, Direktor der »Astro Fondsgesellschaft« in New York, nutzt mindestens jeder zehnte professionelle Börsianer die Astrologie zur Überprüfung konventioneller Marktanalysen. Weingarten selbst verwaltet für seine Klienten ein Millionen-Vermögen. »Ob du an Astrologie glaubst oder nicht, sie beeinflusst die Märkte«, beteuert er und verweist auf seine beeindruckenden Erfolge. Es gebe in Europa, den USA, Indien und Hongkong unzählige wirkmächtige Fondsmanager, die der Astrologie vertrauten. Auf diesem Wege habe die Astrologie einen immensen Einfluss auf die Märkte.

Es würde mich nicht wundern, wenn Sie sich jetzt die Augen reiben. Wie kann es sein, dass Planetenkonstellationen herangezogen werden, um weitreichende Investitionen zu tätigen? Wie können millionenschwere Anleger auf Theorien setzen, die dem Verstandesmenschen als pure Spekulation erscheinen müssen? Andererseits ist nicht zu übersehen, dass der rasante Verfall des Finanzmarkts von einigen angesehenen Astrologen vorhergesagt worden war. Sie ließen schon länger durchblicken, dass sich die gegenwärtigen Veränderungen ankündigten. Diese Astrologen verwiesen auf eine spezifische Konstellation von Pluto, Uranus und Saturn und folgerten daraus, dass die Welt vor einem Wandel stehe.

Der Wandel ließ nicht lange auf sich warten. Und mancher Anleger war froh, dass er sein Geld Leuten anvertraut hatte, die den Blick in die Sterne einer rein rationalen Analyse vorzogen. Astrologisch gesehen, hatten die Zeichen schon seit längerem auf Sturm gestanden – und die Wenigen, die darauf reagierten, konnten ihre Schäfchen rechtzeitig ins Trockene bringen.

Solche Vorfälle machen neugierig und haben inzwischen sogar gestandene Wirtschaftsjournalisten auf den Plan gerufen. Die renommierte österreichische Zeitung *Der Standard* berichtete im Herbst 2008 in ihrem Wirtschaftsteil erstmals über die Thesen der Astro-Ökonomie. In einem ausführlichen Artikel wurde beschrieben, was sich in kosmischer Hinsicht tut: Pluto bewegt sich in den Steinbock und damit in ein Zeichen, das für Staat und übergeordnete Organisationen steht. Pluto wiederum symbolisiert umfassende Wandlungen, das ewige »Stirb und Werde«. Gemäß der Astrologie muss Pluto Altes zerstören, damit Neues entstehen kann.

Das kann durchaus positiv bewertet werden. Denn nach anfänglicher Destabilisierung entfaltet Pluto eine regenerative Kraft, so die Astrologen. Nach ihrer Auffassung haben wir es mit einem Planeten zu tun, der extreme zerstörerische Energien freisetzt, doch am Ende eine Fehlentwicklung korrigiert. Die Astrologen deuten Plutos Aktivitäten und die damit einhergehenden Krisensymptome daher als eine notwendige Transformation, um den Preis, dass es zunächst zu einem Zusammenbruch kommt. Immerhin eine plausible Theorie, wenn man sich die Exzesse des Finanzwesen anschaut, die zur gegenwärtigen Krise geführt haben.

Der Astrologe Harald Thurnher geht weiter ins Detail. Zunächst stellt er fest, dass die Finanzkrise mit dem Vollmond am 15. September begonnen habe, an jenem Tag also, als die US-Bank Lehman Brothers Insolvenz verkündete und damit das Ende der mächtigen Investmentbank einleitete. Für Thurnher ist klar, dass die Prinzipienüberschreitung der Wirtschaft und die hohen Manager-Gehälter deutliche Zeichen für unzulässige Übertreibungen waren. Aus astrologischer Sicht sei daher eine Korrektur angebracht gewesen.

Um seine These besser zu verstehen, lassen Sie uns einen kurzen Ausflug in sein Erklärungsmodell machen. Es liefert uns eine interessante Interpretation der Geschehnisse. Auch dann, wenn Sie der Astrologie skeptisch gegenüber stehen, lohnt es sich, Thurnhers Interpretation für einen Moment zu folgen. Denn hier erhalten wir einen Schlüssel für die Überlegungen, die zurzeit auch für die astrologisch gepulsten Entscheider der Finanzwelt relevant sind.

Besondere Beachtung schenkt Thurnher dem Saturn-Pluto-Zyklus. Während der zunehmenden Phase dieses Zyklus, so seine These, wächst die Wirtschaft. In der abnehmenden Phase dagegen stagniert sie. Die letzte zunehmende Phase endete im Jahr 2001 mit dem Platzen des Internet-Booms. In der damals begonnenen abnehmenden Phase befinden wir uns noch heute, und sie wird bis 2020 dauern. Als Folge prognostiziert Thurnher horrende Staatsausgaben und Staatsdefizite sowie eine allgemeine Schwächung der Ökonomie.

Er stützt sich dabei auf historische Referenzdaten. Denn die letzten Saturn-Pluto-Oppositionen, die mit den jetzigen vergleichbar sind, fanden in den Jahren 1930/31 und 1965/66 statt. Diese Zeitfenster sind uns vertraut, sie markieren zum einen die große Depression nach 1929, zum anderen die gesellschaftlichen Umwälzungen Ende der 60er Jahre.

Folgen wir den Erklärungsansätzen der Astrologie, so ergibt sich folgende These: Pluto als Planet von Macht und Transformation bringt die anstehenden Themen zum Vorschein – je nachdem, in welchem Tierkreiszeichen er sich gerade befindet. Thurnher betont: »Pluto im Steinbock bedeutet auf jeden Fall eine sehr herausfordernde und veränderungsbetonte Zeit«. Eine weitere aufschlussreiche Konstellation ist laut Thurnher die Uranus-Saturn-Spannung. Astrologisch handelt es sich hierbei um eine Opposition zwischen Uranus und Saturn, die ungefähr alle 45 Jahre stattfindet. Sie dauert aktuell von Anfang November 2008 – zu diesem Zeitpunkt fanden die Wahlen in Amerika statt – bis Ende Juli 2010. Hier treten zwei konträre Kräfte in Konflikt miteinander. Saturn steht für Sicherheit, für das Einhalten von Regeln und Gesetzen. Uranus steht für Aufbruch, nimmt quasi die Position des Protestes ein. Die Deutung von Thurnher: »Es werden Fehlentwicklungen sichtbar, aber auch Gutes kommt zum Vorschein«.

Eine ähnliche Planetenkonstellation lag übrigens auch von 1842 bis 1852 vor. Damals ereignete sich die englische Eisenbahnkrise, die 1847 ihren Höhepunkt erreichte: Ganz England wurde von einer heftigen Wirtschaftskrise erfasst, weil die wichtigsten Kapitalgeber sich bei ihren Investitionen in die Eisenbahnen und die einschlägigen Zulieferbetriebe verspekuliert hatten. Auch in den 60er Jahren bildeten Uranus, Saturn und Pluto ein Spannungsfeld. Damals wurde die Weltöffentlichkeit vom Vietnamkrieg erschüttert, später kam die 68er-Bewegung auf. Ein gravierender gesellschaftspolitischer Wandel war die Folge.

Rein faktisch waren diese Entwicklungen zwar beschreibbar, mit allen politischen, gesellschaftlichen und ökonomischen Faktoren. Doch warum gerade diese Jahre zum Schauplatz von Umbrüchen wurden, konnte letztlich nicht erklärt werden – es sei denn, man nahm die Astrologie zur Hilfe. Passgenau konnte man Planetenbewegungen und gesellschaftliche Umbrüche übereinander legen und noch dazu einen Sinn darin sehen.

Versuchen Sie, sich nur einen Moment lang vorzustellen, was passieren würde, wenn Politiker und Wirtschaftsbosse in solchen astrologischen Zyklen denken würden. Könnten sie besser reagieren? Könnten sie besonnener und vorausschauender handeln? Vieles spricht dafür. Denn ganz gleich, ob man der Astrologie einen Wahrheitsgehalt zuspricht oder nicht: Offenbar taugen ihre Denkmodelle zu einer anderen, einer visionären Auslegung der Geschehnisse. Die Konsequenz müsste dann darin bestehen, strukturelle Korrekturen vorzunehmen, um die nächsten wahrscheinlichen Krisen besser zu meistern.

Wie wir alle jedoch wissen, haben weder politische Entscheider noch exponierte Finanzakteure wirklich Konsequenzen aus dem ökonomischen Kollaps gezogen. Sie therapieren die Symptome, ohne sich über die Ursachen des kranken Systems Gedanken zu machen. Jenseits von weltanschaulichen Überzeugungen wird wohl jeder in Frage stellen, ob wir auf diese Weise aus der Krise finden können.

Wie also geht es weiter? Gemäß den Vorhersagen der Astrologen wird die Krise ihren Höhepunkt im Herbst 2010 erreichen. Dann treten Uranus, Saturn und Pluto in das gleiche Spannungsfeld wie in den 60er Jahren. Aus der Sicht der Astrologen dauert der abnehmende Zyklus bis 2020. Für die Börse und die Finanzmärkte im Allgemeinen bedeutet das weitere Verluste und weitere Destabilisierung. Bis 2015 bewerten Astrologen die Perspektiven als eher trübe, da im Zuge solcher Konstellationen ein großes Gewaltpotenzial frei werden kann. Protest, Revolte und Umsturz zeichnen sich ab. Und es ist in der Tat wohl nur eine Frage der Zeit, wann die Menschen auf die Straße gehen werden. Noch ist die Krise in Deutschland für viele nur ein Phantom. Doch spätestens dann, wenn Massenentlassungen, schmerzhafte Steuererhöhungen und die Kürzung staatlicher Transferleistungen nötig werden, wird es mit der Ruhe vorbei sein.

Sie werden sich jetzt fragen, was all das Sie angeht. Meine Antwort lautet: eine ganze Menge. Denn niemand kann sich heute mehr den Auswirkungen eines fehlgeleiteten Finanzsystems entziehen. Wir alle sind unsichtbar vernetzt mit den Aktivitäten der internationalen Finanzszene. Und wir alle leiden früher oder später darunter, wenn ein paar wenige Spieler mit unserem Geld spekulieren, als sei es nur Spielgeld. Geht es dabei wirklich nur um Gier? Oder um mehr? Wie gesagt: Wissen ist Macht. Aber um welche Machtspiele geht es eigentlich?

2. KAPITEL: MACHTSPIELE

Die Interessen der Illuminaten

Wohl jedem Betrachter ist zurzeit klar, dass die gegenwärtige Krise das Potenzial hat, das gesamte Finanzsystem in Frage zu stellen. Immer deutlicher tritt zutage, dass wir auf Marktmechanismen vertraut haben, die langfristige Stabilität versprachen, jedoch das Gegenteil erzeugten: Katastrophen, Entwertungen, Instabilität. Die viel beschworene Selbstregulation des Marktes scheint nicht mehr zu greifen. Wie also sollen wir die Geschehnisse deuten? Liegt eine verborgene Botschaft darin? Könnte die Interpretation der Astrologen stichhaltig sein? Haben sie recht, wenn sie die Ereignisse rund um die Finanzkrise als notwendigen Klärungsprozess betrachten? Als ein Ereignis, das Fehlentwicklungen sichtbar macht?

Lassen Sie mich kurz an einen besonders gerissenen Protagonisten dieser Szene erinnern, um Ihnen die Entfesselung des Systems vor Augen zu führen. Es geht um jenen mittlerweile verurteilten Bernard Madoff, der zum Symbol einer gewissenlosen Branche aufstieg. Im Dezember 2008 wurde Madoff, ehemaliger Chef der US-Technologiebörse

Nasdaq, verhaftet. Man legte ihm einen Betrug in Milliardenhöhe zur Last. Es war ein Skandal. Empörte Anleger, die um ihre gesamte Habe gebracht worden waren, hätten Madoff am liebsten gelyncht. Was genau hatte er getan?

Madoff bediente sich einer besonders perfiden Taktik, die als »Ponzi-Modell« bekannt ist. Dieser Begriff hat seinen Namen vom italo-amerikanischen Betrüger Charles Ponzi, der Anfang des 20. Jahrhunderts als einer der größten Finanzgauner in die amerikanische Geschichte einging. Die von ihm erschlichenen Summen hätten selbst heute noch das Zeug für einen handfesten Finanzskandal. Madoff errichtete wie Ponzi ein ausgeklügeltes Betrugssystem. Ellen Brown, Juristin und ausgewiesene Kennerin der amerikanischen Finanzjongleure, erklärt es folgendermaßen: »Ein ›Ponzi-Schema‹ ist ein Schneeballsystem, bei dem frühe Investoren mit dem Geld ausbezahlt werden, das spätere Investoren eingebracht haben, und nicht etwa mit real erwirtschafteten Gewinnen.«

Man könnte auch sagen: Jeder Betrug wurde mit ein paar weiteren Betrügereien verdeckt. Die Anleger wiegten sich in der Illusion, Madoff habe ihr Geld klug angelegt und könnte daher hohe Gewinne ausschütten. In Wirklichkeit aber wurde ihnen das Geld von neuen arglosen Anlegern überwiesen. So musste Madoff pausenlos weitere Kunden ködern, damit sein Hochstaplertrick nicht aufflog. Ellen Brown stellt denn auch fest: »Der Fortbestand dieses Systems hängt davon ab, dass es durch einen ständig größer werdender Geldstrom neuer Investoren am Laufen gehalten wird.«

24

Selbst für Laien wird sofort ersichtlich, dass Madoff ein System der falschen Versprechungen und Täuschungen errichtete, das dem eigentlichen System zum Verwechseln ähnlich sieht. Denn das gesamte Finanzsystem beruht auf Prognosen, Hoffnungen und Versprechungen. Es beruht damit auf fiktiven Werten und abstrakten Prognosen. Wer damit arbeitet, bringt nicht selten eine gute Portion Zynismus mit. Es war daher die Gier eines Einzelnen, die den Zynismus der Bankmanager und ihre mangelnde Beaufsichtigung freilegte. Letztlich steht Madoff für viele Vertreter seiner Zunft, die völlig skrupellos alle Schlupflöcher der Strukturen nutzen. Und das, weil das System selbst Sollbruchstellen hat. Er tat im Grunde genommen nur das, was er im Rahmen der Möglichkeiten tun konnte. Mit anderen Worten: Er trieb das Prinzip auf die Spitze, virtuelle Geldflüsse vorzuspiegeln, die sich von tatsächlich erwirtschafteten Gewinnen und Verlusten weit entfernten.

Das ist die bittere Erkenntnis, die wir aus dem Fall Madoff ziehen müssen. Der Handel mit Krediten und Aktien ist heute weitgehend entkoppelt von der realen Wirtschaft. Ein Unternehmen kann noch so klug investieren und noch so hohe Gewinne erwirtschaften – wenn seine Aktien in falsche Hände geraten und panisch abgestoßen werden, folgt unweigerlich der Ruin. Es liegt also nicht unbedingt an volkswirtschaftlichen Gegebenheiten, die ganze Konzerne ins Aus manövrieren: Die Fäden halten andere in der Hand.

Und noch eine weitere Schlussfolgerung lässt sich aus dem Fall Madoff ziehen. Offenbar gibt es Zeiten, in denen die Akteure des Finanzmarktes besonderes risikofreudig sind. Sie tun im wahrsten Sinne des Wortes »verrückte« Dinge. Damit schädigen sie viele Menschen, gleichzeitig aber offenbaren sie damit einer großen Öffentlichkeit den wahren Charakter ihres Berufs. Insofern hat Bernard Madoff unfreiwillig Aufklärungsarbeit geleistet. Seine kriminelle Energie ließ Millionen naiver Anleger aufwachen. Mit einem Mal sahen sie hinter die Kulissen – und waren erschrocken, welchen Handlungsraum das System Betrügern wie Madoff zugesteht.

Bernard Madoff ist nur die Spitze eines Eisbergs. Er gab uns eine Ahnung davon, wer uns wirklich steuert und manipuliert. Denn er ist kein Einzelfall. Madoff gehörte zu einem exklusiven Club von Finanzleuten, die unser Finanz- und Währungssystem zu dem gemacht haben, was es heute ist: ein fehleranfälliges und korruptes Netzwerk. Dazu gehören neben einflussreichen Bankierfamilien all jene, die sich durch ökonomischen Einfluss reale politische Macht erobern wollen.

Die Regierungen sehen diesen Machenschaften zumeist tatenlos zu. Es ist unbestreitbar, dass Politiker oft nur noch als Galionsfiguren auftreten, die unmittelbar von den Finanzleuten abhängig sind. Deren Interessen müssen sie sich beugen, da selbst der mächtigste Politiker nichts gegen sie ausrichten kann. Im Gegenteil: Ein Spitzenpolitiker, der nicht mit diesen Finanzkapitänen kooperiert, wird auf der wirtschaftlichen Ebene scheitern und seine Popularität rasch einbüßen. Sein Erfolg ist schicksalhaft an das Wohlwollen der Wirtschaftslenker gebunden. Sie wachen über seine Karriere, sie beeinflussen daher seine Entscheidungen.

Wer sind diese Leute? Was verbindet sie? Sind sie ein lockeres Konglomerat von Ökonomen, die die gleichen Interessen haben, oder könnte man sie auch anders beschreiben? Manche Beobachter der Finanzszene halten es für möglich, dass sie alle eine feste Struktur bilden und einer Vereinigung angehören, die man Illuminaten nennt. Sie sind Nachkommen und Vertreter einer mächtigen Organisation, die seit Jahrhunderten an einer neuen Weltordnung arbeitet. Ihre Wurzeln reichen bis in das 18. Jahrhundert zurück. Im Jahr 1776 wurde in Ingolstadt eine Geheimloge gegründet, die im Schutz der konspirativen Verschwiegenheit wuchs und sich »Illuminaten«, also »Erleuchtete« nannte.

Die Illuminaten verfolgten von Anfang an das Ziel, durch wirtschaftliche Macht die Weltherrschaft zu erringen. Ihr enormer Einfluss gründete sich darauf, dass sie alle relevanten gesellschaftlichen Institutionen unterwanderten, ohne dass es sichtbar wurde. Ein weiterer Grund ihrer Macht war die Tatsache, dass sie sich der Astrologie und weiterer kosmischer Lehren bedienten. Sie kannten und kennen die Gesetze der Vernetztheit allen Lebens – von einfachen Zellen bis zu menschlichen Gesellschaften, vom kleinen Handwerksbetrieb bis hin zu Konzernen, Nationalstaaten, ja bis zur globalen Wirtschaft.

Man muss nicht so weit gehen, die Existenz der Illuminaten mit den Regisseuren des Finanzmarktes gleichzusetzen. Doch es ist evident, dass hier nicht nur Einzelne agieren, sondern Verbände von Interessenvertretern. Das, was wir Kapitalismus nennen, ist das Werk weniger, deren Ziel die Maximierung von Reichtum und Macht ist. Und es scheint nicht weit hergeholt zu sein, dass die Schaltstellen des Kapitalismus bis heute von Illuminaten kontrolliert werden, von ihrem Wissen über das universale Netzwerk.

Jetzt könnten Sie abwinken und das alles als obskure Verschwörungstheorie abtun. Doch das geheime System, das ich hier erläutere, ist eine Realität. Seine Mitglieder sitzen überall auf der Welt, können aber nie konkret lokalisiert werden, da sie multinational arbeiten. Sie verfügen über eine ausgefeilte Logistik und den höchsten technischen Standard. Ein Heer hochkompetenter Finanzanalytiker und Computerfachleute steht in ihren Diensten, die buchstäblich mit Milliarden von Dollars spielen. Diese Global Players sind keine halbseidenen Spekulanten, sondern große Investmentbanken, Pensionsfonds, multinationale Konzerne und offene Investmentfonds.

Sie alle wurden gegründet, um finanzielle Manipulationen vornehmen zu können. Im elektronisch kontrollierten globalen Kasino spielen sie eine Schlüsselrolle. Die Märkte werden ständig von ihnen transformiert, durch Investmentstrategien, die auf tradierten Geheimlehren basieren. Das macht sie so erfolgreich. Das macht sie aber auch so gefährlich. Denn kurzfristige Kursgewinne, das haben Sie bereits gesehen, können oft zu Lasten der Wirtschaft gehen. Den Illuminaten macht das nichts aus, da sie über genügend Wissen verfügen, um sogar von Krisen zu profitieren. Sie können rechtzeitig kriselnde Aktien abstoßen und große Kursgewinne einstreichen. Damit destabilisieren sie selbst funktionierende Volkswirtschaften: Sie lösen regelmäßig Kapitalfluchten aus und führen auf diese Weise katastrophale Markteinbrüche herbei.

Für den unbedarften Beobachter ereignen sich Krisen wie aus heiterem Himmel. Einschlägige Spezialisten aber haben längst Verdacht geschöpft. Paul Volcker, ehemaliger Vorsitzender des »US Federal Reserve Board«, sagte vor einiger Zeit: «Es liegt doch auf der Hand, dass etwas an unseren Analysen und an unserer Reaktion nicht stimmt ... Das Problem ist nicht regional, sondern international. Und alles deutet darauf hin, dass es systemisch ist.» Die Drahtzieher des globalen Komplotts bleiben jedoch meist unsichtbar. Sie agieren im Halbschatten der Öffentlichkeit, in Konferenzräumen und Tagungshotels, zu denen kein Journalist je Zugang hat.

Dagegen regt sich zunehmend Widerstand. Noch nie stand das Schicksal unserer Weltwirtschaft derart auf Messers Schneide. Bei der letzten Bilderberger-Konferenz, ein Kongress, bei dem sich regelmäßig weltweit anerkannte Wirtschaftsspezialisten treffen, wurden die Alternativen deutlich akzentuiert: »Entweder erleben wir eine sehr lange, sehr schmerzhafte Depression, die die Welt für Jahrzehnte in Stagnation, Niedergang und Armut fesselt. Oder eine sehr intensive, aber kürzere Depression, die den Weg freimacht zu einer neuen, nachhaltigen Weltwirtschaftsordnung mit weniger Souveränität, aber dafür höherer Effizienz.«

Die Lage ist ernst. Wir sollten bedenken, dass 20 Prozent der Weltbevölkerung 85 Prozent des Kapitals besitzen. Dagegen stehen 80 Prozent der gesamten Weltbevölkerung, welche in Armut leben und denen nur 15 Prozent des gesamten globalen Kapitals gehören. Das Vermögen der drei reichsten Menschen der Welt allein übersteigt das Bruttosozialprodukt aller am wenigsten entwickelten Länder. Diese alarmierenden Zahlen veröffentlichte jüngst das »World Institute for Development and Economic Research« der UN-Universität in Helsinki. Obwohl ich mich schon lange mit dieser Materie beschäftige, sind solche Zahlen für mich immer noch schier unfassbar.

Was die Situation verschärft, ist ihre niederschmetternde Perspektive. Ganz gleich, ob wir sie Illuminaten nennen oder einfach den Club der Netzwerker: Sollten sie mit ihren Strategien weiter erfolgreich sein, dann werden die meisten Menschen auf diesem Planeten in Armut versinken, während einige Wenige das gesamte Kapital auf sich vereinigen. Und es steht nicht zu vermuten, dass sie ihre Gewinne für soziale Einrichtungen, Abrüstung oder Umweltschutz einsetzen.

In Fachkreisen steht außer Frage, dass zurzeit kaum tragfähige Lösungsansätze diskutiert werden. Da die Politiker oft nur noch Marionetten des Kapitals sind, verkünden sie weiter die Deregulierung der Märkte und denken gar nicht daran, strukturelle Eingriffe zu wagen. Verhaltensökonomen dagegen erwägen schon seit langem, dass die Regierungen den Weg eines »libertären Paternalismus« einschlagen sollten. Ein libertärer Paternalismus würde bedeuten, dass der Staat Verordnungen und Gesetze erlässt, mit denen die Bürger vor unvorsichtigen Investitionen geschützt werden. Auch der amerikanische Verfassungsrechtler Cass Sunstein, Chef des »Office of Information und Regulatory Affairs« in der Obama-Regierung, machte diesen Vorschlag. Bisher jedoch ist nichts dergleichen geschehen.

Wie weit der Raubtierkapitalismus bereits fortgeschritten ist, sehen wir nicht zuletzt an den wirtschaftspolitischen Entscheidungen. Ein sinnfälliges Beispiel ist das Agieren der EU. Es ist vielleicht die eindeutigste Manifestation eines sich abzeichnenden neuen Netzwerkstaats, der nur eines im Sinn hat: die Administration einzelner Länder und Regionen langfristig zu entmachten. Die Parlamente von Städten und Ländern mussten seither ihre politische Souveränität Stück für Stück an Ministerien abgeben, die ihren Sitz in Brüssel haben.

Was das im Detail bedeutet, wissen wir alle. Eine Volksabstimmung innerhalb der EU über die Einführung genmanipulierter Nahrungsmittel beispielsweise hätte mit hoher Wahrscheinlichkeit ein Verbot solcher Nahrungsmittel zur Folge gehabt. Zu wenig erforscht sind die Risiken, zu ungewiss die Nebenwirkungen. Doch die Konzerne, die die Legalisierung von Gen-Mais und anderen genveränderten Lebensmitteln vorantrieben, waren stärker. Ihre Lobbyarbeit basiert auf ökonomischem Druck. Sie drohen unmissverständlich damit, ihren Sitz in außereuropäische Länder zu verlagern, falls man ihren Forderungen nicht nachkommt.

Mit diesem Argument haben sie ein sicheres Instrumentarium, um politische Entscheidungen zu steuern.

Bringen wir es auf den Punkt: Die gegenwärtige Form des globalen Kapitalismus ist nicht nur ökonomisch instabil, sondern auch ökologisch und sozial schädlich. Einige wenige Einzelkämpfer und gesellschaftliche Gruppen etwa aus der Ökologiebewegung melden zwar ihren Protest an, eine breite mediale Wirkung haben sie jedoch nicht. Durch die Privatisierung und Ökonomisierung fast aller Medien verfügen die Konzernlenker und Börsenbarone über immense Meinungsmacht und lassen den Protest verhallen. Entweder besitzen sie selbst Medienkonzerne, oder sie setzen die Redaktionen unter Druck mit dem Hinweis, dass sie bei kritischer Berichterstattung künftig keine Anzeigen und Werbespots mehr schalten.

Korrekturen sind kaum in Sicht. Sicherlich, die internationale Staatengemeinschaft arbeitet fieberhaft an strengeren Regeln für das Kreditwesen. Doch Kontrolle über das geheime System erhalten sie dadurch nicht. Es sind kosmetische Maßnahmen, die politischen Einfluss vorgaukeln sollen; ausrichten können sie damit wenig. Wir sollten uns nicht der Illusion anheim geben, dass die Politik in der Lage wäre, die Raffgier und den Egoismus der Besitzenden zu regulieren.

Sie denken jetzt, dass ich übertreibe? Nun, dann schauen Sie sich an, wie mit den wichtigsten Ressourcen unserer westlich geprägten Industrienationen und auch der sogenannten Dritten Welt verfahren wird. Die Rede ist von

Energie, Nahrung und Wasser. Diese drei Basics bestimmen den Herzschlag unserer Gesellschaften. Es müsste nach dem gesunden Menschenverstand nun alles daran gesetzt werden, diese Basics zu gerechten Preisen zugänglich zu machen. Das Gegenteil aber ist der Fall. Die Preise für Rohöl sind auf Rekordhöhe geklettert, da die Ölförderländer ihre Förderkapazitäten nicht ausweiten wollen – nur als knappes Gut bleibt Erdöl teuer. Ähnlich verhält es sich mit Grundnahrungsmitteln wie Reis und Weizen, deren Preise nach einer Reihe von Missernten explodierten. Diktiert werden die Preise überdies von multinationalen Konzernen, die individuelle Erzeuger aus dem Markt drängen und mit der Kontrolle über patentiertes Saatgut alle Konkurrenten aus dem Feld schlagen. Damit haben sie einen gewaltigen Hebel zur Verfügung, um Macht auszuüben. Selbst das Trinkwasser wird zunehmend knapp. Auch hier beginnen rein ökonomisch orientierte Konzerne, den Markt unter sich aufzuteilen. Kevin O'Rourke, Historiker und Handelsexperte am »Trinity College« in Dublin, warnt denn auch: »Plötzlich wird vielen Leuten klar, dass diese enormen Abhängigkeiten auch gefährlich werden können«.

Solche Entwicklungen beschleunigen sich durch die Finanzkrise, die allmählich auf die Realwirtschaft übergreift. Es gilt als sicher, dass gesellschaftlich relevante Bereiche wie Altersvorsorge und Gesundheitssysteme bald schon kollabieren könnten. Mit dem Zusammenbruch von Staatshaushalten, bis hin zum Staatsbankrott einzelner Länder, sind auch die Demokratien in Gefahr, da Missstände stets zu politischer Radikalisierung führen.

Die Ereignisse spitzen sich unübersehbar zu. Sind das alles Zufälle? Oder zeigt sich hier die negative Eigendynamik eines fehlgeleiteten Systems? Selbst, wenn das der Fall sein sollte – warum geschieht die Eskalation genau jetzt, nach einer langen Phase relativer Stabilität? Gibt es Einflüsse, die wie Katalysatoren wirken?

Hier kommen wir zum Kernthema dieses Buches. Denn das geheime System ist zwar durch Machtinteressen motiviert, die Akteure jedoch scheinen zurzeit den Bogen zu überspannen. Ihr Handeln fällt auf sie selbst zurück. Sie entlarven sich wider Willen. Warum tun sie das? Warum entziehen sie sich selbst ihre Grundlage?

Die unbestreitbare Irrationalität der Börsenbewegungen hat wesentlich mit der Irrationalität derer zu tun, die den Aktienmarkt beherrschen: durch die Verbreitung von Stimmungen und Gerüchten, welche enormen Einfluss auf den Wert von Aktien haben. Natürlich wollen die Finanzjongleure Gewinn machen. Doch die Strategien, das haben wir gesehen, werden nicht nur durch realistische volkswirtschaftliche Einschätzungen definiert. Weit relevanter sind neben den Machtinteressen Emotionen aller Art: Hoffnung und Panik, Angst und Optimismus.

Inzwischen haben sich einige Forschungsrichtungen diesem Phänomen gewidmet. Zu den wichtigsten gehören die Verhaltensökonomen. Sie untersuchen die psychologischen Bedingungen des ökonomischen Handelns. Ihre Befunde weichen stark von traditionellen Wirtschaftstheorien ab. »In der klassischen Ökonomie gilt der Mensch als eine Art Roboter, der unter allen Bedingungen zu objektivem Denken befähigt ist«, stellt der Wirtschaftshistoriker Peter Bernstein fest. Nach dieser Logik könnten jedoch keine sogenannten Blasen entstehen, ein überdimensionales Ansteigen bestimmter Kurse, die dann irgendwann in sich zusammenstürzen. Wären die Akteure wirklich der Objektivität verpflichtet, so hätten wir »effiziente Märkte« , also Märkte, die reale Preise und Werte abbilden und daher flache Kursverläufe haben. Investmentbanker und andere Börsianer würden sich dann bemühen, den wahren Wert einer Aktie einzuschätzen und dementsprechend zu kaufen und zu verkaufen. Stattdessen gleicht das Aktiengeschäft einem riesigen Wettbüro.

Jeder Aktienkauf beruht auf der Annahme, nicht etwa auf der Gewissheit, dass sich der Aktienwert steigern wird. Durch Rückkopplungsschleifen wird aus dem Kaufverhalten einiger Weniger ein Trend. Viele folgen ihm, und die betreffenden Aktien steigen höher und höher, da die Nachfrage den Preis bestimmt. So bilden sich Finanzblasen, die an einem bestimmten Kipppunkt so überdehnt werden, dass die ersten Anleger abspringen. Sie verursachen einen Abwärtstrend, der sich innerhalb kürzester Zeit bis zum dramatischen Kursverfall intensiviert. Und das alles, weil das Vertrauen in die Kursentwicklung plötzlich nicht mehr gegeben ist. Optimismus verwandelt sich in Pessimismus, die Blase platzt. Mit einem effizienten, realitätsorientierten

Markt hat das alles nichts mehr zu tun. Vielmehr agieren Trader und Analysten ohne jeden Realitätssinn und überschreiten die Grenze von der Spekulation zum verantwortungslosen Monopoly.

Selbst der Wirtschaftswissenschaftler Alan Greenspan, langjähriger Vorsitzende der US-Notenbank Federal Reserve System und leidenschaftlicher Anhänger der Theorie eines effizienten Marktes, gestand im Herbst 2008 ein:»Diejenigen unter uns, die annahmen, die Eigeninteressen der Kredit gebenden Institutionen würden das Vermögen der Anleger schützen – und dazu zähle auch ich –, befinden sich in einem Zustand schockierenden Unglaubens«. Greenspan machte diese Aussage im Oktober 2008, kurz nach Beginn der Finanzkrise. Ein bitteres Resümee.

Kaum einer der Börsianer jedoch ahnt, dass seine Aktivitäten Einflüssen unterliegen, die wesentlich durch Sonnenaktivitäten gesteuert werden. Einige ausgewählte Spezialisten aber orientieren sich schon an dieser Erkenntnis. Sie verfügen über wissenschaftliche Studien, in denen der Zusammenhang zwischen Emotionen, Sonnenzyklen und Börsenzyklen zweifelsfrei belegt wurde. Warum aber unsere Stimmungen und Gefühle und damit auch die emotionalen Befindlichkeiten der Finanzmarktteilnehmer essentiell mit der Sonne verknüpft sind, darüber erfahren Sie mehr im folgenden Kapitel.

3. KAPITEL: GROSSE GEFÜHLE
Die Psychologie des Aktienmarkts

Wenn wir uns die Erkenntnisse des vorangegangenen Kapitels vergegenwärtigen, so können wir feststellen: Unser Finanzsystem wird von einigen wenigen Zentralfiguren kontrolliert. Sie orientieren sich an der Profitmaximierung und lehnen jede gesellschaftliche Verantwortung ab, sogar die Verantwortung für das ihnen anvertraute Geld. Gleichzeitig entkoppeln sie sich von der Realwirtschaft. Ihr Interesse gilt dem virtuellen Geldfluss, der mithilfe von Finanzprodukten und Aktien funktioniert. So können sie sogar von Krisen profitieren und überschreiten wie Bernard Madoff zuweilen die Grenzen zur Illegalität. Wir haben also allen Grund, uns mit den Gedanken und Gefühlen dieser Leute näher zu beschäftigen, um zu verstehen, auf welche Weise sie unsere globale Ökonomie steuern.

Schon lange fragte ich mich: Wie denken jene, die im Geheimen über unser Wohl und Wehe entscheiden? Wie »ticken« die Global Players? Ich wusste, dass sie nicht nur Erfahrungsdaten und theoretisch abgesicherten Prognosen folgten, sondern kosmische Lehren wie die Vorhersagen der

Astrologie zu Rate ziehen. Doch da war noch mehr, das spürte ich ganz deutlich. Es musste noch weitere Faktoren geben, die das geheime System beeinflussten. So begann ich, meine Forschungen über physikalische Felder mit Wirtschaftsdaten und Börsenkursen in Beziehung zu setzen.

Sehr schnell stieß ich auf eklatante Gesetzmäßigkeiten. Sie alle hatten augenscheinlich mit Emotionen zu tun. Und ich musste davon ausgehen, dass die emotionalen Implikationen des Finanzsystems den meisten Handelnden überhaupt nicht bewusst sind. Sie sind eben Spieler, und als Spieler zeigen sie alle Symptome des Süchtigen: den Drang zur Wiederholung, eine hohe Risikobereitschaft, das Ausblenden jeglicher Konsequenzen.

Warum dies ein brisantes Phänomen ist? Seit langem wissen Biophysiker, dass unsere Stimmungen und Gefühle durch physikalische Felder beeinflusst werden. Dabei handelt es sich vor allem um geomagnetische Felder. Alles Leben auf der Erde wird von ihnen gesteuert. Zugvögel lassen sich von ihnen auf ihren Wanderungen leiten, Schildkröten und Wale werden von diesen Feldern navigiert. Geomagnetische Felder sind ein universales Orientierungssystem, das alle Lebensabläufe regelt und auch auf uns Menschen einwirkt.

Das Besondere an den geomagnetischen Feldern ist ihre Eigenschaft, sich zu verändern. Sie sind nicht etwa statisch, sondern unterliegen permanenten Schwankungen. Jede Abweichung ist dabei eine unmittelbare Folge von Eruptionen auf der Sonne. Jedes Mal, wenn sich dort Ausbrüche ereignen, schleudert die Sonne elektrisch geladene Teilchen ins All. Diese Plasmawolken erreichen nach etwa drei Tagen die Erde. Ein Großteil der geladenen Teilchen wird von unserem Strahlenschutzschild abgehalten, dem sogenannten Van-Allen-Gürtel. Dennoch haben diese Teilchenwolken einen Einfluss auf die Erde, genauer – auf das geomagnetische Feld.

Es ist noch nicht lange her, dass Wissenschaftler anfingen, sich mit den Auswirkungen zu beschäftigen. Am augenfälligsten im Bereich der Biologie waren zunächst die rätselhaften Strandungen von Walen, die immer wieder viele Menschen erschütterten. Kein Rettungsversuch konnte die desorientierten Tiere vor dem Tod bewahren. So sehr sich Tierschützer auch bemühten, die riesigen Meeressäuger zurück ins Meer zu drängen, sie mussten scheitern. Was sie nicht wussten: Die Wale waren durch veränderte geomagnetische Felder von ihrem Kurs abgekommen und nicht in der Lage, in die gewohnten Bahnen zurückzufinden, selbst wenn man sie aufs offene Meer geleitete.

Bald traten Humanbiologen auf den Plan, die ergründeten, inwieweit auch der Mensch betroffen sein könnte, wenn die Feldstärken schwanken. Geographische Orientierungsverluste wie bei den Walen fanden sie zwar nicht, doch in einem erweiterten Sinn gab es vielfältige Orientierungsstörungen. Sie bewegten sich vor allem in der psychischen und physiologischen Sphäre des Menschen. Wie stark sich veränderte Erdmagnetfelder auf unsere Psyche auswirken, konnte durch einen Vergleich unterschiedlichster Statistiken herausgefunden werden. Drei Tage nach besonders heftigen Sonneneruptionen kommt es vermehrt zu Unfällen, Selbstmorden und psychischen Auffälligkeiten. Sogar die Einweisungsrate in psychatrische Kliniken steigt sprunghaft an. Patienten klagen über Halluzinationen und körperliche Beschwerden, auch die Quote von Herzinfarkten erhöht sich. Offenbar führen die geomagnetischen Schwankungen, ausgelöst durch Sonnenaktivitäten, zu massiven Irritationen körperlicher und seelischer Art.

Und nun wird es spannend. Da die Akteure des Finanzmarktes sich von Gefühlen leiten lassen, unterliegen ihre Gefühle denselben Schwankungen, die sich in klinischen Studien als Auffälligkeiten zeigen. Einfach gesagt: Was bei extrem sensiblen Personen zu körperlichen und psychischen Irritationen führt, muss auch das Verhalten der Finanzleute verändern. Das machte mich neugierig. War meine Hypothese tragfähig? Konnte es sein, dass das gesamte Finanzgeschehen unsichtbar von solaren Einflüssen abhing?

Seither habe ich unzählige Datensammlungen und Statistiken ausgewertet. Sie lassen nur einen Schluss zu: Während starker Schwankungen des Erdmagnetfelds kommt es tatsächlich zu signifikanten Verhaltensänderungen etwa von Aktienhändlern. In solchen Phasen weisen sie einerseits eine extrem gesteigerte Risikobereitschaft auf, andererseits neigen sie aber auch zu Panikverkäufen. Letzteres löst regelmäßig gefährliche Kettenreaktionen aus. Da sich der Finanzmarkt permanent selbst beobachtet, verbreitet sich ein Verkauf größerer Aktiendepots in Windeseile. Andere Anleger wittern einen Trend und ziehen ebenfalls ihr Kapital ab, Aktien verlieren rasant an Wert, der Markt bricht zusammen.

Eine besondere Rolle spielen in diesem Kontext die sogenannten Trader. Im Gegensatz zu Investoren, die ihr Geld langfristig anlegen und an nachhaltigen positiven Entwicklungen ihrer Investitionen interessiert sind, verfolgen Trader eine kürzer getaktete Strategie. Sie verstehen sich als Teilnehmer des Marktes, die kurzfristige Eingriffe vornehmen, um kurzfristig Gewinne zu erzielen. Daher sind sie vor allem im Wertpapierhandel aktiv. Manchmal bringen sie eigenes Kapital ein, weit häufiger jedoch vertrauen ihnen interessierte Anleger ihr Geld an. So verfügen die Trader über eine hohe Liquidität und können Spekulationsgeschäfte tätigen. Sie setzen auf temporäre Schwankungen der Aktien, ausgelöst durch aktuelle Markttrends.

Vordergründig erfüllen Trader damit die Aufgabe, in kurzen Zeitspannen frisches Kapital in den Markt zu pumpen und für die nötigen Geldflüsse zu sorgen. Auf der anderen Seite aber gehören Trader zu den extremen Spielern des Finanzmarktes. Sie gehen hohe Risiken ein, da das Risiko höheren Gewinn verspricht als die konventionelle Investition. Diese amortisiert sich möglicherweise erst nach Jahren, während eine kurzfristige Spekulation unter Umständen Millionengewinne binnen Stunden hervorbringen kann.

Die Aussicht auf schnell verdientes Geld fasziniert, kein Wunder. Im Handumdrehen sein Kapital zu vermehren, grenzt an Magie, und in den Boomzeiten der Börse gab es immer wieder Instant-Millionäre, die mit einem Schlag ihren Einsatz vervielfacht hatten. Auf solche goldenen Zeiten folgte immer wieder der Absturz. Völlig unvorhersehbar verloren Aktien ihren Wert, oft nur wegen zirkulierender Gerüchte, etwa über bevorstehende politische Maßnahmen, gesellschaftliche Unruhen oder andere ökonomisch relevante Entwicklungen. Daher gelten gute Trader als Bauchmenschen, die förmlich »das Gras wachsen hören«. Zwar richten sie sich auch nach Chartanalysen, in denen die Aktienbewegungen aufgezeichnet werden. Doch sie brauchen zusätzlich eine spezifische Mischung aus Wissen, Erfahrung und Intuition. Vor allem aber verlassen sie sich auf ihr Gefühl. Und das oszilliert zwischen Optimismus und Angst.

Die häufigsten emotional gestützten Marktaktivitäten sind nach Aussage der Verhaltensökonomen erstens übermäßige Zuversicht, zweitens das Herdenverhalten und drittens die Verfügbarkeitsheuristik. Das erstere ist sofort einleuchtend: ungebremster Optimismus führt zu impulsiven Verhaltensweisen, die keiner nüchternen, rationalen Einschätzung unterliegen. Das Herdenverhalten gründet sich auf einem instinktiven Nachahmungstrieb, nach der Logik, dass nicht falsch sein kann, was alle tun. Die Verfügbarkeitsheuristik bedeutet, dass aktuelle Informationen, etwa aus den Nachrichten, schnell verfügbar sind und höher bewertet werden als langjährige Erfahrungen und Lernprozesse. Das zieht spontane und oft unvorsichtige Transaktionen nach sich.

42

Im Dezember 2004 erschien eine Studie mit dem Titel: *Fear and Greed in Financial Markets: A Clinical Study of Day-Traders – Angst und Gier auf den Finanzmärkten: Eine klinische Studie über Day-Trader.* Die Autoren Andrew W. Loy, Dmitry V. Repinz und Brett N. Steenbargery untersuchten in dieser Studie den Zusammenhang zwischen psychologischen Faktoren und dem ökonomischen Erfolg von Tradern. Achtzig Trader und ihre Handlungsschemata wurden analysiert. Man erstellte Persönlichkeitsprofile unter Berücksichtigung emotionaler Zustände und ihre Korrelation mit den realisierten Gewinnen und Verlusten.

Die Ergebnisse lehren uns das Fürchten. Es konnte bewiesen werden, dass Trader mit stärkeren emotionalen Reaktionen unter dem Strich eine wesentlich schlechtere Handelsleistung hatten. Das heißt, dass es einen deutlichen Zusammenhang zwischen einer betont emotionalen Handlungsweise und der Handelsleistung gab. Dennoch gelangen ihnen immer wieder spektakuläre Einzelerfolge, die von der insgesamt negativen Bilanz ablenkten – nur so konnten sie sich am Markt halten. Anleger schätzen nun mal risikofreudige Bauchentscheidungen, weil sie zuweilen unglaublich hohe Gewinne nach sich ziehen. Auch die Anleger spielen gern auf Risiko.

Hier nun wird es interessant. Denn Emotionen und Gefühlszustände sind ja nicht nur eine Charakterfrage, sie unterliegen Veränderungen im Zusammenspiel zwischen geomagnetischem Feld und der Sonnenaktivität, und damit wissenschaftlich bewiesenen Wechselwirkungen. James

Glattfelder und Stefano Battiston, zwei Physiker der ETH Zürich, gelten als Pioniere dieser Forschungsrichtung. Sie stellten sich die Aufgabe, symptomatische Schwankungen des Weltmarktes im Hinblick auf Sonnenzyklen zu analysieren. Ihre Ergebnisse veröffentlichten sie in der Studie *The Backbone of Complex Networks of Corporations: Who is controlling whom? – Das Rückgrat komplexer Netzwerke. Wer kontrolliert wen?* Glattfelder und Battiston beobachteten zehn Global Players, die eine umfassende Kontrolle über die Aktienmärkte ausüben. Sie tauchen in den 48 untersuchten Märkten statistisch gesehen am häufigsten auf und sind allesamt multinationale Konzerne im Banken- und Versicherungswesen.

Die Erkenntnisse der Wissenschaftler waren revolutionär. Denn erstmals konnten sie über einen Zeitraum von achtzig Jahren nachweisen, dass es einen charakteristischen Zusammenhang zwischen Wirtschaftätigkeit und Sonnenaktivität gibt. In einer Grafik machten sie deutlich, dass der Höhepunkt eines Sonnenaktivitätszyklus seit den 30er Jahren immer mit einem Tiefstand des US-Wirtschaftszyklus oder einer Rezession einherging. So fanden die Rezessionen von 1954 und 1974 an einem solchen solaren Aktivitätsmaximum statt. Ein kurzer Blick auf die Messdaten zeigt, wie eindeutig die Korrelationen zwischen kosmischen Ereignissen und Börsenkursen sind:

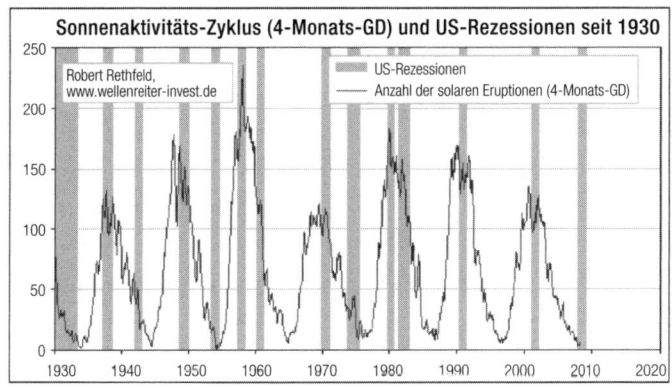

Sonnenaktivitäts-Zyklus (4-Monats-GD) und US-Rezessionen seit 1930

US-Rezessionen
Anzahl der solaren Eruptionen (4-Monats-GD)

Robert Rethfeld,
www.wellenreiter-invest.de

So seltsam es scheint, um einen Zufall handelt es sich hier nicht. Vielmehr sind die Messdaten ein zwingendes Indiz für den umfassenden Einfluss solarer Aktivitäten auf unsere irdische Realität. Die Studie hatte weitreichende Folgen. Denn nicht zuletzt die Finanzbranche selbst war aufgerüttelt: Wenn die Sonne derart massiv das Wirtschaftssystem steuert, fragten sich Anleger und Manager – lag es dann nicht nahe, sich diese Erkenntnisse zunutze zu machen?

Genau das geschah. Es waren die Direktoren der Federal Reserve Bank of Atlanta, die als erste reagierten. Sie ließen vom Boston College ein Gutachten erstellen, in dem die Ergebnisse überprüft wurden. So entstand die Studie *Playing the Field. Geomagnetic Storms and International Stock Markets – Spielfelder. Geomagnetische Stürme und der internationale Aktenmarkt.* Das Gutachten bestätigte die Forschungen der Schweizer Wissenschaftler. Und mehr noch: Es trug weitere Beweise zusammen, wie Veränderungen der Erdmagnetfelder psychische Auffälligkeiten erzeugen.

In dem Gutachten heißt es: »Die Bewegungen des Aktienmarktes zu erklären, ist eine der schwierigsten Aufgaben des modernen Finanzwesens. Diese Studie basiert auf der verfügbaren Literatur, die den Einfluss von Sonnenstürmen auf die Börsenbewegungen dokumentiert. Umfangreiche psychologische Untersuchungen haben gezeigt, dass solche Sonnenstürme und die darauffolgenden Änderungen des geomagnetischen Feldes einen starken Einfluss auf menschliche Stimmungen und damit auf ihr Verhalten, ihr Urteilsvermögen und ihre Entscheidungen haben, was Risiken betrifft.«

Nach diesen grundsätzlichen Bemerkungen gehen die Wissenschaftler konkret auf das Börsengeschehen ein: »Eine wichtige Erkenntnis unserer Forschungen ist die Tatsache, dass die Menschen ihre Gefühle oft auf falsche Gründe zurückführen. Das lässt sie zu falschen Entscheidungen kommen. Im Besonderen neigen Menschen unter dem Einfluss von intensiven Sonnenstürmen dazu, vermehrt Aktien zu verkaufen. Sie begründen das mit negativen Gefühlen, was die wirtschaftliche Entwicklung betrifft, und sind sich nicht bewusst, dass sie auf solar bedingte Umwelteinflüsse reagieren. Solche falschen emotionalen Begründungen, gepaart mit negativ gesteuerten Entscheidungen, münden in einer höheren Nachfrage für risikolose Produkte, sodass die Preise für riskanter bewertete Aktien schneller fallen und steigen als normalerweise.«

Die Studie stellt zusammenfassend fest: »Wir haben umfangreiches empirisches Material, das eindeutig die hohe Relevanz solarer Einflüsse und ihre Auswirkung auf das Verhalten belegt. Ungewöhnlich intensive Sonnenaktivitäten haben statistisch einen signifikant negativen Effekt auf die Kapitalerträge der anschließenden Woche an allen amerikanischen Börsen. Umgekehrt ist evident, dass die Kapitalerträge in Phasen schwacher Sonnenaktivitäten deutlich höher sind.«

Die Intensität der Sonneneruptionen und des anschließenden Teilchenausstoßes wird in der Studie als AP-Index bezeichnet. Die Verfasser gehen davon aus, dass an durchschnittlich drei Tagen im Monat eine abnorm erhöhte Sonnenaktivität vorliegt, die den Börsenhandel empfindlich beeinträchtigen. In diversen Grafiken belegen sie die globale Gültigkeit dieser Mechanismen.

Es steht zu vermuten, dass die Manager der Federal Bank of Atlanta ihre Konsequenzen längst gezogen haben. Sie wissen, dass jede Änderung der kosmischen Strahlungen gefährliche Verhaltensänderungen hervorrufen – und es gibt keinen Zweifel darüber, dass sie ihre eigenen Aktivitäten nach den Erkenntnissen des Gutachtens ausrichten. Letztlich können sie nur das Schlimmste verhindern, indem sie beispielsweise bevorstehende Panikverkäufe einkalkulieren und riskant bewertete Aktien rechtzeitig abstoßen. Immerhin, dieses Wissen beschert ihnen einen entscheidenden Wettbewerbsvorteil. Sie können Krisen antizipieren und sich vor Verlusten schützen. Alle anderen Marktteilnehmer aber wird der enorme Wertverlust ihrer Aktien gleichsam im Schlaf überraschen.

Was genau verursachen die Sonnenzyklen? Durch ihren Einfluss auf die Emotionen verändern sie die Wahrnehmung der Börsianer. Im Mittelpunkt steht hier die sogenannte »Geldwertillusion«. Hinter diesem Begriff verbirgt sich eine gestörte Wahrnehmung von Gewinnen. Oft sind die Gewinne nämlich inflationsbereinigt längst nicht so hoch wie auf dem Papier. Gewinne sind relativ, und genau das blenden Investoren und Spekulanten aus – so werden sie unvorsichtig. Dieser Umstand gilt als eine der zentralen Ursachen der momentanen Finanzkrise. Die Neigung zur Geldwertillusion, also zur Fehleinschätzung von Gewinnen, ist wesentlich gefühlsgesteuert. Bei starken Sonnenaktivitäten kommt es zu spezifischen psychischen Abweichungen wie Konzentrationsschwäche, Euphorie, extremer Risikobereitschaft. Psychisch auffällige Patienten hatten sogar Visionen. Auch die Geldwertillusion ist letztlich eine positive Vision, die den Verstand zum Schweigen bringt.

Die Sonne ist also weit mehr als ein Gestirn, das uns mit Licht und Wärme versorgt. Die Zyklen ihrer Eruptionen sind entscheidend daran beteiligt, welche Entwicklungen sich im Finanzsystem ereignen. Die Konsequenzen sind für uns alle sichtbar. So unglaublich es scheinen mag: Nicht die Arbeitskraft des Einzelnen, nicht das Management von Unternehmen und auch nicht wirtschaftspolitische Eingriffe entscheiden darüber, ob wir gute oder schlechte ökonomische Zeiten erleben. Vielmehr haben wir es hier mit kosmi-

schen Kräften zu tun, die das Schicksal der gesamten Weltwirtschaft bestimmen.

Es würde mich nicht wundern, wenn Sie jetzt die Stirn in
Falten legen. Ist das alles ein moderner Aberglaube? Oder
haben die Theorien der Forscher Hand und Fuß? Um Ihnen
einen Einblick in die komplexe Wirkungsweise der solaren
Aktivitäten zu geben, werde ich Sie nun mit einigen wissenschaftlichen Grundlagen vertraut machen, die das Funda-
ment dieser Theorien bilden.

4. KAPITEL: NATURGESETZE
Die Mathematik der Börsenkurse

Die Mathematik ist seit der Antike eine unserer wichtigsten Leitwissenschaften. Schon die klassischen griechischen Denker wie Pythagoras und Archimedes setzten sich mit der Welt der Zahlen auseinander und suchten nach gültigen Regeln und Gesetzen. Viele große Mathematiker gingen in die Geschichte ein, weil sie diese Wissenschaft um neue Theorien bereicherten. Zu ihnen gehört der Italiener Leonardo da Pisa, genannt Fibonacci, der im 13. Jahrhundert auf eine besondere Zahlenreihe stieß, die berühmt gewordene Fibonacci-Reihe. Ihre Struktur beruht auf dem Prinzip, die beiden letzten Zahlen der Reihe jeweils zu addieren und so zu der nächsten Zahl zu kommen: 1, 1, 2, 3, 5, 8, 13, 21, 34, 55, 89, 144 und so weiter.

Dies ist mehr als ein hübsches Zahlenspiel. Sie ist eine Sequenz, die in der gesamten Natur vorkommt. Fibonacci selbst konnte damit die Vermehrungsraten einer Kaninchenpopulation berechnen. Im Laufe der Zeit wurde offenbar, dass die Fibonacci-Reihe ein universales Prinzip allen Lebens ist. So sind etwa in der Struktur vieler Pflanzen Spiralen zu finden, deren Anzahl mithilfe der Fibonacci-Zahlen beschreibbar werden. Diese Entdeckung machte der Forscher D'Arcy Wentworth 1917 und veröffentlichte sie in seinem Grundlagenbuch *Über Wachstum und Form*. Anhand der Fibonacci-Reihe kann man überdies die Ahnenmenge weiblicher Honigbienen bestimmen, und viele weitere biologische Strukturprinzipen können darauf zurückgeführt werden.

Auch für die Börse hat diese Reihe Relevanz. Der Kybernetiker Steve Copan widmete sich ausführlich diesem Phänomen. Er fand heraus, dass die Aktienentwicklung innerhalb eines bestimmten Zyklus sehr genau diesem Prinzip folgte. Das war die Initialzündung für seine weitere Forschungstätigkeit, die sich fortan auf die Struktur von Zeitzyklen konzentrierte.

Zunächst einmal hielt Copan fest, dass bei allen sprunghaften Aktienbewegungen eines immer konstant bleibt: die Zeitachse. Ganz gleich also, wie sich die Kurse innerhalb einer definierten Zeitspanne verhalten, die chronologische Zeit verändert sich nicht. Auch wenn Menschen und deren Emotionen die Kurse bestimmen, praktisch werden die Menschen und ihr Handeln übergreifend von der Zeit und von mathematischen Sequenzen, den Zyklen, beeinflusst, so Copan.

Diese scheinbar einfache Feststellung erschloss neue Perspektiven. Mit der Einteilung der Zeitachse in Zyklen hatte Copan den analytischen Schlüssel gefunden, um weitere Gesetzmäßigkeiten zu benennen. Copan war schon bald in der Lage, aufgrund seiner Berechnungen erstaunlich genaue

Vorhersagen über das Börsengeschehen zu machen. Wenn die Zeit eines Kurszyklus abgelaufen ist, so seine Beobachtung, dann ändern die Kurse ihre Richtung. Auf dieser Basis entwickelte er ein System, bei dem er innerhalb fester Zeitzyklen mögliche Wendepunkte von Kursentwicklungen prognostizierte. Der Vorteil dieser Methode war, dass die Länge der Zeitzyklen immer gleich blieb und dass man sie daher mühelos in die Zukunft fortschreiben konnte. Die Hochstände und Tiefstände von Aktienkursen ließen sich nun ausrechnen. Copan konnte zeigen, dass gerade diese extremen Ausschläge eng miteinander verknüpft sind – nach den gleichen Gesetzmäßigkeiten, welche auch unser Universum bestimmen.

Copan nannte sein System das »Delta-Phänomen«. Es beruht auf der Korrelation mit Sonnenzyklen und den daraus folgenden Verhaltensänderung der Marktteilnehmer. Das Delta-Phänomen besagt, dass jeder Markt eine immanente Ordnung hat, die Hochs und Tiefs festlegt. Diese Ordnung des Marktes und seiner Zeitzyklen wird von den dynamischen Kräften des Kosmos gesteuert: im Besonderen von der Interaktion zwischen Sonne, Mond und der Erde.

Jim Sloman von der Princeton University entwarf daraufhin ein noch differenzierteres Modell, um Kauf- und Verkaufshöhepunkte auf den Märkten vorherzusagen. Er nannte es »Die versteckte Ordnung in allen Märkten«. Sein Modell war derart überzeugend, dass sich die »Delta Society International« gründete, ein exklusiver Club von Börseninsidern, die die Anwendung des Delta-Phänomens erlernen wollten. Die Aufnahme in den Club kostete atemberaubende 35.000 Dollar, und nur etwa siebzig Leute weltweit konnten sich eine Mitgliedschaft sichern. Heute kursiert das Gerücht, dass einige der international finanzstärksten Protagonisten des Kapitalmarktes Mitglied der »Delta Society« sind.

Die mathematischen Implikationen des Delta-Phänomens folgen Naturgesetzen, die aus der Physik bekannt sind. Im Zentrum stehen hier Schwingungsveränderungen. Aus dem Physikunterricht haben Sie vielleicht noch in Erinnerung, was es mit Schwingungen auf sich hat. Es handelt sich um elektromagnetische Wellen, deren Sendeenergie eine bestimmte Schwingungsfrequenz erzeugt. Sie wird an Luftmoleküle weitergegeben und versetzt diese in Schwingungen.

Jede Frequenzänderung hat unmittelbare Auswirkungen. Je schneller sich Luftmoleküle bewegen, desto stärker erwärmt sich die Luft. Die vermehrte Bildung warmer Luftmassen hat zur Folge, dass sich der Wasserzyklus intensiviert. Wärmere Luft kann mehr Wasser in Form von Wasserdampf aufnehmen und sie bei späterer Abkühlung als vermehrten Niederschlag wieder abgeben. Dort, wo sich die Luft nicht so stark erwärmt, ist es entsprechend trockener.

Luftmoleküle werden rund um die Uhr in Schwingungen versetzt, auch nachts, wenn sich durch das Ausbleiben der Sonneneinstrahlung die Luft eigentlich abkühlen müsste. Ist die Schwingungsfrequenz besonders stark, dann ist die morgendliche Temperatur höher, als sie dunkelheitsbedingt wäre. Wie nun kommt es zu der intensiveren Schwingung?

Ihre Ursache sind Mikrowellen, die von der Sonne ausgehen. Jedes Mal, wenn sich Sonnenflecken zeigen, das Zeichen für Eruptionen, verändert sich auch unser Klima. Sie haben richtig gelesen: Unser Klima ist nicht nur ein Binnenphänomen des Systems Erde, es hängt zugleich von den Strahlenschwankungen der Sonne ab.

Mit der Entdeckung, dass alle Schwingung auf der Erde von der Sonne abhängt, wurde eine Grundlage für weitere wissenschaftliche Forschungsfelder eröffnet. Denn nun begannen sich auch Biophysiker für die Theorie zu interessieren. In interdisziplinären Studien widmeten sie sich der Frage, auf welchen Wegen nicht nur das Wetter, sondern auch die Psyche des Menschen von Sonneneruptionen beeinflusst wird.

Durch Laborexperimente wurde offenbar, dass elektromagnetische Felder die Form von Molekülen verändern – auch jene Moleküle in der Feinstruktur des Gehirns. Wir wissen heute aus der Neurobiologie, dass sämtliche Gehirnaktivitäten durch elektrische Impulse und daraus resultierende neurochemische Prozesse gesteuert werden. Sie hängen wesentlich davon ab, welche Größe und Form die Molekülverbände der chemischen Stoffe haben. Stress und freie Radikale beispielsweise erzeugen Konglomerationen von Molekülen. Wir haben es hier mit einer hochinteressanten Wechselwirkung zu tun: Die inneren Steuerungsimpulse aller biologischen Systeme folgen der Reizung durch externe Signale. Solche Signale können neben natürlichen Feldern auch Frequenzen der Mobilfunktechnologie sein. Sie erzeugen Stress und schwächen das Ausgleichsvermögen des Gehirnstoffwechsels, so wie sie generell die Stoffwechselbalance schwächen.

Was aber ist das Geheimnis dieser Wirkmechanismen? Warum können externe Felder Körper und Geist in ihrer Funktionsweise dermaßen verändern? Einmal mehr gilt: Makrokosmos und Mikrokosmos hängen untrennbar zusammen. Und das, weil ihre Strukturen sich ähneln. Mathematiker sprechen hier von »fraktalen Strukturen«. Mit dem Begriff »Fraktal« umschreiben sie die Selbstähnlichkeit des Ganzen mit seinen Teilen. Stellen Sie sich einen Farn vor. Der Farn als Ganzes hat eine typisch gefiederte Form. Schauen wir uns nun die einzelnen Blätter an, so sehen wir die gleiche Form im Kleinen. Legen wir die Blätter unter ein Mikroskop, dann erkennen wir auch in den winzigsten Verästelungen der Blattrippen die gleichen gefiederten Muster. Anders ausgedrückt: Fraktale sind Strukturbausteine, die die Form des Ganzen abbilden.

Die gesamte Natur ist fraktal organisiert: Bäume, Schneeflocken, Kristallbildungen und Küstenlinien. Auch in unserem Körper finden wir charakteristische Fraktale. Dazu gehören unter anderem der Gefäßbaum der Niere, die Koronararterien, der histologische Aufbau vieler Gewebe und die Versorgungsgefäße des Gehirns. Die große Vielfalt dessen, was wir Leben nennen, beruht also auf einer Komposition einfachster Bausteine. Fraktale Selbstähnlichkeiten finden sich bis hin zur Symptomatik und Morphologie von Krankheiten. Mikroskopisch kleine Änderungen auf der Zellebene bewirken auf Dauer sichtbare Veränderungen des Körpers, etwa bei einer Krebserkrankung.

Veränderungen nun geschehen keinesfalls aus dem Nichts. Biologen und Physiker weisen seit langem darauf hin, dass schon bei geringfügigen Reizen, etwa durch Elektrosmog, eklatante Form- und Funktionsveränderungen stattfinden. Schon ein minimaler physikalischer Impuls kann genügen, um auf der Zellebene Veränderungen hervorzurufen, die später als gravierende Veränderung des Ganzen sichtbar werden. Diese Erkenntnis ist von großer Wichtigkeit. Denn es sind nicht immer große, spektakuläre Außenreize, die den Körper verändern. So wie auch beim Laser – dessen Wirkung auf der Gleichrichtung eines Impulses beruht –, kann schon mit einer niedrigen Reizdosis eine immense Veränderung bewirkt werden.

Für alle, die es ganz genau wissen wollen: Die durchschlagende Wirkung solcher kleinsten Einflüsse liegt an der Phasenkoppelung fraktaler Resonatoren. Das klingt kompliziert, zugegeben. Gemeint ist, dass sehr viele Feinstrukturen gleichzeitig auf eine äußere Einwirkung reagieren, sodass sich der Einfluss dramatisch verstärkt. Bekannt geworden ist dieses Phänomen durch ein anschauliches Beispiel: Wenn viele Soldaten auf einer Brücke im Gleichschritt marschieren, kann die Brücke infolge der Gleichschaltung der Impulse einstürzen.

Dieser kleine Exkurs zur Molekularbiologie mag Ihnen eine Vorstellung davon geben, mit welch wirkmächtigen Größen wir es hier zu tun haben – selbst dann, wenn wir meinen, dass wir solch winzige Reizveränderungen nicht ernst nehmen müssen.

Wie nun erfolgt der Umsetzungsprozess kleinster Anfangsreize auf größere Einheiten? Oder, anders gefragt: Wie wird aus vielen kleinen Veränderungen ein Trend, der am Ende sogar global wirksam werden kann?

Zunächst einmal sollten Sie sich vergegenwärtigen, wie stark kollektive Gefühle mit gesellschaftlichen und ökonomischen Veränderungen verknüpft sind. Das Wirkprinzip sehen wir im Kleinen täglich in unserer Lebenswelt. Niemand wird bestreiten, dass es einen großen Unterschied macht, ob in einem Fußballstadion Hysterie oder Begeisterung vorherrschen. Ob nach einem Spiel eine Panik ausbricht oder überschwänglicher Jubel, hängt wesentlich von der emotionalen Gestimmtheit der Fans ab. Ob dann im Anschluss ein Stadion verwüstet wird oder ob die Getränkeverkäufer das Geschäft ihres Lebens machen, steht in unmittelbarem Zusammenhang damit.

Betrachten wir größere Einheiten bis hin zu Nationen oder internationalen Märkten, wird es schon schwieriger. Kann ein ganzes Volk ähnlich empfinden? Können Millionen von Individuen das Gleiche fühlen? Oder sind Gefühle nicht eine sehr subjektive, persönliche Sache? Und wie sind kollektive Gefühle überhaupt messbar?

Ein Zufall kam den Wissenschaftlern zu Hilfe. Im späten 18. Jahrhundert, kurz nach Gründung der Vereinigten Staaten, begann man mit der Aufzeichnung des »Dow Jones Industrial Average«. Dieser Index registrierte die Bewegungen des Aktienmarkts. Doch die erzielten Preise der Aktien signalisierten nicht nur wirtschaftliche Veränderungen, sie ließen auch Rückschlüsse auf gesamtgesellschaftliche Gefühlswelten zu. Wie wir alle wissen, sind Aktienpreise nicht stabil, sondern unterliegen starken Schwankungen. Insofern konnte man aus der Preisentwicklung Rückschlüsse auf die kollektiven Emotionen ziehen.

Einfach gesagt, ging es um ein objektives »Barometer«, mit dem man Optimismus und Pessimismus messen konnte. Wenn die Menschen optimistisch in die Zukunft schauen, wenn sie überzeugt sind, dass sie ihren Wohlstand mehren und ihre Ideen verwirklichen können, so neigen sie dazu, vermehrt Aktien zu kaufen, voller Vertrauen in den Markt. Das lässt den Preisindex steigen. Wenn dieselben Menschen aber plötzlich Angst vor Verlusten bekommen oder gar Panik spüren, verkaufen sie reflexhaft ihre Aktien. Sie hoffen, sich mit diesem Verhalten freizukaufen von einem unberechenbaren Markt, der ihnen suspekt geworden ist.

Die Studie zeigte im Laufe der Jahre charakteristische Bewegungen des Aktienmarkts, ein Auf und Ab in wiederkehrenden Zyklen. Es sind die symptomatischen Zackenlinien, die wir alle kennen. Selten dagegen verläuft die Linie flach über eine längere Zeitperiode hinweg. Selbst wenn eine positive oder negative Tendenz über längere Zeit anhält, kann man Binnentrends ablesen, innerhalb derer sich Schwankungen ereignen.

Die Strukturen des menschlichen Verhaltens haben ebenfalls eine dynamische Form, abhängig davon, ob größere Gesellschaften sich in Zuständen von Hoffnung oder Verzweiflung befinden. Insofern haben Analysten sehr früh begonnen, die Entwicklung der Aktienkurse als Stimmungsbarometer zu deuten, um möglichst genaue Vorhersagen für den aktuellen Zyklus machen zu können. Sie fanden eine wertvolle Entscheidungshilfe vor, um möglichst wenige Verluste und möglichst viel Gewinn zu generieren. Wenn man weiß, wann der Markt auf dem Tiefpunkt angekommen ist und nicht weiter fallen kann, weiß man auch präzise, wann man Aktien gewinnversprechend kaufen kann. Und wenn man genau weiß, wann der Markt seinen Höhepunkt erreicht hat und nicht weiter steigen wird, hat man eine Handlungsanweisung für den rechtzeitigen Verkauf von Aktien.

Die Koinzidenz von Gefühl und Konjunktur fand größte Beachtung bei den Ökonomen. Sie verfeinerten die Modelle mithilfe der Mathematik immer weiter, um noch genauere Prognosen erstellen zu können. Es war der Ökonom W. D. Gann, der in den 20er Jahren eine neue, aufsehenerregende Methode aus den bis dahin bekannten Daten und Analysen extrapolierte. Mit seinem Modell konnte er die Bewegungen des Marktes so exakt vorhersagen, dass er bald den Ruf eines Börsen-Gurus genoss. Nach ihm wurde die Gann-Analyse benannt. Sie basiert auf mathematisch-numerologischen Reihen und nimmt einen Zusammenhang zwischen natürlichen Phänomenen und Börsenkursen an, ganz nach der Vorstellung also, dass alles mit allem verbunden sei.

Im Laufe seiner Forschungen entdeckte Gann, dass die

Aktenpreisentwicklung auf der Zeitachse ganz spezifische Muster ausprägte. Den Koeffizienten aus Zeit und Preis nannte er »Radius-Vektor«. Das war der Wert, der sich aus der Korrelation von Preis und Zeitraum ergab. Nachdem er den Wert des Radius-Vektors berechnet hatte, konnte er davon ausgehen, dass auch die weitere Entwicklung des Aktienmarktes diesem Vektor folgte.

Und noch etwas entdeckte Gann: Die sichtbar werdenden Zyklen waren deckungsgleich mit den Sonnenzyklen. Die zeitliche Abfolge von Sonneneruptionen bildete also minutiös das Geschehen des Aktienmarktes ab. Gann selbst war äußerst verblüfft darüber, doch da seine Prognosen sich immer wieder bewahrheiteten, hatte er keinen Anlass, an der Existenz dieses universal vernetzten Systems zu zweifeln. Noch heute kursieren unter Tradern Kopien von *Gann's Master Course for Stocks*. Es ist das Konvolut seiner jahrelangen Studien, das nach wie vor zu Höchstpreisen weitergekauft wird.

Die Ideen von Gann wurden im Folgenden von dem Wissenschaftler Bradley Cowan aufgegriffen. Cowan stieß bei seinen Untersuchungen auf eine weitere Auffälligkeit des Gann'schen Modells, als er es in Diagramme umsetzte: Sie alle hatten eine geometrische Struktur. Schon Gann hatte mathematisch-geometrische Verfahren zur Analyse benutzt. Cowan nun entdeckte die Zusammenhänge der Vektoren mit den sogenannten »Platonischen Körpern«. Mit Staunen stellte er fest: Geometrische Formen wie Tetraeder, Oktaeder und Würfel ließen sich – quasi zweidimensional »aufgeklappt« – deckungsgleich auf Aktienmarkt-Grafiken projizieren. Es gab also Gesetzmäßigkeiten der Börsenkurse, die der Logik geometrischer Formen folgten. Dreidimensional rückübersetzt, glichen die Geschehnisse des Aktienmarktes einem sich drehenden Kubus.

Cowan, der über ein umfangreiches astronomisches Wissen verfügte, stutzte. Was da vor ihm auf dem Zeichenbrett in Erscheinung trat, kam ihm äußerst bekannt vor: Die Umlaufbahnen der Planeten im freien Raum nämlich vollziehen die gleichen Bewegungen wie die Börsenkurse. Es gab daher eine Übereinstimmung der Planetenlaufbahnen mit den Aktienbewegungen. Offenbar verhielt es sich so, dass die Verhaltensweisen der Trader mit den kosmischen Bewegungsabläufen korrespondierten. Cowan konnte es selbst kaum fassen. Hatte er sich geirrt? Oder war es ein skurriler Zufall? Wieder und wieder stellte er Berechnungen an, um seine These zu verifizieren. Die Ergebnisse bestätigten sie ausnahmslos.

Cowan gilt heute als Pionier der Börsenastronomie. Nur stellte sich ihm die Frage, wie es zu diesem mysteriösen Einklang von Kosmos und Ökonomie kam. Um sie zu beantworten, stützte er sich auf die Erkenntnisse der modernen Astrophysik. Fortschrittliche Astrophysiker hatten schon länger behauptet, dass die Bewegung der Planeten unsere Raum-Zeit-Wahrnehmung beeinflussen. Diese Erklärung erschien Cowan sofort plausibel, da er wusste, dass Orientierung und Desorientierung wesentlich von physikalischen Kräften des Universums abhängen.

Daraufhin beschloss er, seine Ergebnisse zu veröffentlichen. Die Zeit spielte ihm in die Hände: Sein durchschlagender Erfolg kam mit der Vorhersage des Börsencrashs von 1929. Und auch noch heute funktioniert Cowans Modell einer kubischen Raum-Zeit-Struktur des Finanzgeschehens. Der Crash von 1987 konnte mit seiner Methode praktisch auf den Tag genau vorausgesagt werden.

Wer sich jemals mit Aktien auseinandergesetzt hat oder selbst mit Aktien handelt, wird jetzt ermessen können, wie komplex und gleichzeitig aussagekräftig Ganns und Cowans mathematische Modelle sind. Selbst dann, wenn Sie keinen Zugang zu ihren Studien haben, können Sie davon profitieren. Achten Sie auf Ihre Gefühle? Oder schieben Sie sie achtlos beiseite? Machen Sie sich gesellschaftliche Stimmungen bewusst? Verfolgen Sie die kollektiven Emotionen nach Ereignissen wie Wahlen, Sportereignissen oder Naturkatastrophen? Sie sollten davon ausgehen, dass diese Stimmungen sich in kürzester Zeit auf die Aktienmärkte übertragen.

Auch ohne die Diagramme von Gann und Cowan können Sie sehr genau an sich selbst beobachten, dass Sie zuweilen unerklärlichen Stimmungsschwankungen unterliegen. Seien Sie sicher, dass das keine individuellen Emotionen sind, sondern dass Sie an kollektiven Gefühlen teilhaben. Die wiederum führen zu kollektiven Handlungsweisen, auch auf dem Aktienmarkt. Der nimmt dann Einfluss auf die wirtschaftliche Entwicklung, und deren Auswirkungen werden am Ende auch Sie spüren.

Seien Sie also gewappnet. Auch Ihr Optimismus oder Pessimismus steuert den Markt, denn jeder, der sich in ökonomischen Kontexten befindet, unterliegt den signifikanten, mathematisch nachweisbaren Einflüssen der Sonnenzyklen. Es lohnt sich daher, den solaren Ereignissen größere Beachtung zu schenken als zuvor. Die Sonne ist im wahrsten Sinne des Wortes unser Schicksal. Es liegt an Ihnen, dieses Schicksal anzunehmen und im Rahmen Ihrer Möglichkeiten weitsichtig zu handeln.

5. KAPITEL: KATASTROPHENSTIMMUNG

Die Crash-Prognosen für 2012

Der Einblick in die verborgenen Steuerungsmechanismen des Finanzmarkts mag Sie verblüfft haben. Doch wir haben es hier mit Energien zu tun, die noch weit mehr vermögen. Nach den Berechnungen der NASA befinden wir uns nämlich kurz vor dem Ende des aktuellen Sonnenzyklus. Die Abläufe der Zyklen sind mittlerweile gut erforscht, und man weiß, dass gegen Ende jedes Sonnenzyklus, der etwa 11 Jahre dauert, besonders heftige Eruptionen zu erwarten sind.

Was den momentanen Sonnenzyklus betrifft, so endet er im Jahre 2012. Zu diesem Zeitpunkt müssen wir uns auf eine gigantische finale Eruption einrichten. Wir werden also schon bald extremste Erdmagnetfeldschwankungen erleben. Niemand kann mit Sicherheit sagen, wie gefährlich diese Mega-Eruption für uns Menschen sein wird. Selbst die seriösen Prognosen allerdings sprechen von einem fast apokalyptischen Szenario.

Auch wenn die gewaltigen Plasmawolken, die die Sonne dann ausstößt, vom Van-Allen-Gürtel aufgehalten werden, so steht außer Frage, dass unser geomagnetisches Feld stark schwanken wird. Außerdem ist eine Schwächung des irdischen Strahlenschutzschildes wahrscheinlich. Das wird dazu führen, dass wir bisher ungekannten Dosen kosmischer Gammastrahlung ausgesetzt sein werden. Die Auswirkungen sind bekanntermaßen katastrophal. Wir werden dramatische Klimaänderungen, Stürme, Erdbeben und Flutwellen erleben. Unsere Welt wird buchstäblich aus den Fugen geraten.

Der norwegische Forscher Ananda Boswell vertritt die Auffassung, dass die Sonneneruptionen des Jahres 2012 mit ihrem Ausstoß von gigantischen Plasmawolken und der anschließenden extremen Gammastrahlung sogar die gesamte Konstruktion des Universums erschüttern könnten. Er spricht von einer Transformation sämtlicher physikalischer Gesetze. Boswells Warnung klingt ernst: »Wie für den Dezember 2012 prognostiziert, wird sich auf der Sonne ein wahrer Tsunami von Eruptionen ereignen. Die riesige Menge elektrisch geladener Teilchen, die dann auf die Erde treffen, wird sich in großem Maße auf unsere Gesundheit auswirken, mit noch nicht zu ermessenden Folgen.«

Noch tappen die Wissenschaftler weitgehend im Dunkeln. Sie können nur mutmaßen, was genau passieren wird. Denn, so Boswell: »Eine vergleichbare Eruption hat noch nie stattgefunden, ihre errechnete Stärke ist beispiellos in der Geschichte der modernen Astrophysik. Vermutlich am 13. Dezember, dem Tag der Heiligen Lucia, werden wir es mit einem wahren Bombardement von Protonen zu tun haben.«

Ananda Boswell befasst sich schon seit vielen Jahren mit den Sonnenaktivitäten. Man sollte ihn auf keinen Fall mit jenen Trittbrettfahrern der 2012-Hysterie verwechseln, die schon jetzt mit glühenden Farben Untergangsszenarien malen. Er betrachtet die erwarteten Geschehnisse zwar mit Sorge, an einer Alarmstimmung jedoch ist ihm nicht gelegen. Vielmehr möchte er eine große Öffentlichkeit für das sensibilisieren, was uns bevorsteht.

Was genau wird das sein? Gemäß den Prognosen vieler Fachleute werden wir alle, auch Sie, spüren, dass wir starken Einflüssen auf unsere Psyche und unseren Körper ausgesetzt sind. Depressionen, aggressives Verhalten und weitere abnorme Muster werden sich häufen. Entgehen kann den kosmischen Wirkungen niemand. Worauf es ankommt, ist ein bewusster Umgang mit den vielen Irritationen, die uns behelligen werden. Wie könnte solch ein bewusster Umgang aussehen?

Nach allem, was wir wissen, sind die apokalyptischen Visionen recht einseitig. Biophysiker wie Dieter Broers dagegen prophezeien einen Transformationsprozess, in dem große Chancen liegen. So wie auch die Astrologen spricht er von einer bevorstehenden Klärung. Demnach wäre die gigantische Sonneneruption von 2012 ein Ereignis, das die gesamte Menschheit in eine heilsame Katharsis, also in eine Reinigung führen könnte. Es wäre somit eine geistige Reinigung unserer dekadenten Kultur. Nicht von ungefähr spricht Broers deshalb von »therapeutischen Frequenzen«, die bereits jetzt wirken und 2012 ein Maximum erreichen werden.

Die veränderten geomagnetischen Felder, so Broers, hätten eine bewusstseinsverändernde Wirkung. So machten sie den Weg frei für neues Denken, vielleicht sogar für den »neuen Menschen«, der in den Prophezeiungen der Maya im Mittelpunkt steht. Davor stehen allerdings Ereignisse, die uns zu Recht einigen Schrecken einjagen. Ohne wohlfeile Hysterie zu schüren, werden 2012 mit großer Wahrscheinlichkeit schockierende Dinge geschehen: vom globalen Stromausfall über Naturkatastrophen bis hin zu psychischen Ausnahmezuständen.

Sicher ist: Die gewaltigen Kräfte der Sonne können unsere Zivilisation innerhalb weniger Stunden völlig lahm legen. Durch unseren hochtechnisierten Lebensstil sind wir paradoxerweise verwundbarer als jemals zuvor. Nahezu alle öffentlichen Steuerungsmechanismen wie Verkehr, Kommunikation, Verwaltung und Information, aber auch die Logistik der Nahrungserzeugung und -versorgung bis hin zur Versorgung mit Wasser unterliegen dem Funktionieren elektrischer Energie. Flugzeuge, Kraftwerke, Krankenhäuser – ohne eine reibungslose Stromversorgung wird nichts davon mehr aufrecht erhalten werden. Stellen Sie es sich konkret vor: Mobilfunkstationen fallen aus, satellitengestützte Systeme wie GPS werden funktionsunfähig, und Sie werden plötzlich ohne Strom überleben müssen.

Auch die Börse wird Kopf stehen. Eine weitere Finanzkrise ist 2012 mehr als wahrscheinlich. Wie auch immer Ihr Handlungsspielraum definiert sein mag: Rechnen Sie mit einer umfassenden Destabilisierung. Der große Crash ist keine angenehme Vorstellung, doch er ist berechenbar. Nehmen Sie ihn nicht als vernichtenden Schicksalsschlag hin, sondern erwarten Sie ihn ganz bewusst. Überlegen Sie konkret, was Sie tun müssen, um kein Opfer zu werden. Dann kann 2012 für Sie ein Jahr werden, auf das Sie bestens vorbereitet sind, trotz aller zu erwartenden Irritationen.

Selbst vorsichtige Schätzungen gehen davon aus, dass es sinnvoll ist, sich 2012 aus dem System virtueller Werte zurückzuziehen, da die Wahrscheinlichkeit einer gesteigerten Geldwertillusion gegeben ist. Alles, was Sie auf dem Papier besitzen oder zu besitzen glauben, kann in wenigen Minuten verschwinden – und das nicht nur wegen einer globalen Krise. Wenn die elektronischen Steuerungen versagen, stehen sie mit leeren Händen da. Wenn sich die düsteren Prognosen bewahrheiten, bleibt Ihnen nur das, was konkret ist, Immobilien, Gold, Grundbesitz.

Aber wird es überhaupt zum Sonnen-GAU kommen? Die Forschungsabteilung der amerikanischen Weltraumbehörde NASA bestätigt dies. Aber wie aussagekräftig sind die Berechnungen der NASA, die für den Frühsommer, oder, noch wahrscheinlicher, für den Dezember 2012, einen gigantischen Masseausstoß der Sonne vorhersagen? Möglicherweise haben Sie in der letzten Zeit Widersprüchliches über die Sonnenaktivitäten gelesen. Die einen Astrophysiker prophezeien gigantische Eruptionen, die anderen schreiben über eine Ruhephase der Sonne. Welcher Diagnose sollten wir nun Glauben schenken?

Das Verblüffende ist: Beides ist richtig. Im Moment ist

es tatsächlich so, dass die Astronomen und Physiker die Sonne als »zu ruhig« einstufen. Gleicht man die Anzahl und Größe der Sonnenflecken mit den bekannten Sonnenfleckenzyklen ab, so ergibt sich eine auffällige Abweichung. Es sind nämlich kaum Sonnenflecken zu sehen, die auf größere Eruptionen hindeuten würden. Bedeutet dies, dass die Sonne ihren Zyklus verlässt? Hat sie ihre Aktivität heruntergefahren?

Mithilfe modernster Satelliten der NASA ist man den eigenartigen Vorgängen auf die Spur gekommen. Auf der von der Erde aus sichtbaren Seite der Sonne ereignen sich zurzeit in der Tat kaum Eruptionen. Auf der sogenannten »Farside« jedoch, also auf der von der Erde abgewandten Seite, ergibt sich ein ganz anderes Bild. Dort spielen sich momentan sogar ziemlich starke Ausbrüche ab. Da ich regelmäßig die Messdaten der NASA-Satelliten auf der Website der kalifornischen Stanford University verfolge, habe ich viele signifikante Satellitenbilder gespeichert. Hier ein Bild vom 19. Mai 2009, aufgenommen um 00.00 Uhr:

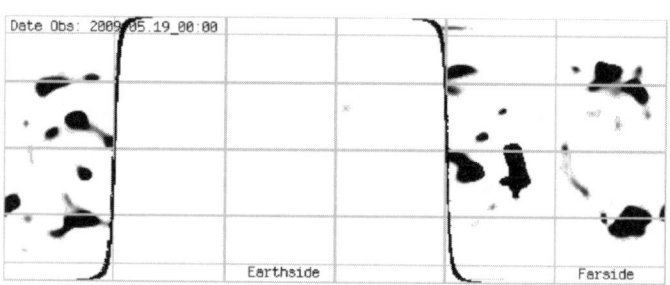

Man sieht deutlich, dass sich »Earthside« und »Farside« krass unterscheiden. Während auf der »Earthside« völlige Ruhe herrscht, weist die Rückseite der Sonne äußerst intensive Aktivitäten auf.

Zwölf Stunden später jedoch präsentierte sich die Sonnenkarte völlig anders: Am selben Tag scheint die Farside mittags um 12 Uhr ohne jegliche Aktivität zu sein. Ich habe über diese beiden Bilder mit vielen Fachleuten gesprochen. Sie alle waren in heller Aufregung. Denn Sonnenflecken verschwinden normalerweise nicht innerhalb eines kurzen Zeitraums von zwölf Stunden. Welche Erklärung gab es dann?

Die Debatte um die verschwundenen Sonnenflecken erhielt zusätzliche Brisanz dadurch, dass das erste Satellitenbild kurz nach seiner Veröffentlichung im Internet wieder von der Website der Stanford University genommen wurde. Aus welchem Grund? Darüber rätseln seither Astrophysiker rund um den Erdball. Denn das Bild mit den Sonnenaktivitäten auf der »Farside« war nicht einfach gelöscht worden, man hatte es ausgetauscht und durch ein Bild ersetzt, das

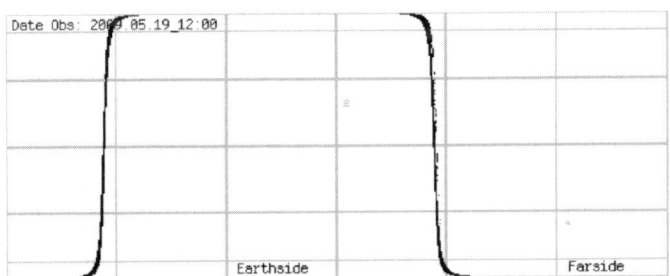

keine Aktivitäten zeigte. Will uns die NASA etwas verheimlichen? Ist man in der amerikanischen Forschungsbehörde der Meinung, dass die Öffentlichkeit nicht irritiert werden darf?

Noch ist nicht geklärt, was es mit den manipulierten Bildern wirklich auf sich hat. Doch es spricht viel dafür, dass die NASA panische Reaktionen vermeiden will, die durch die unerklärlichen Aktivitäten der »Farside« ausgelöst werden könnten. Der NASA ist es offenbar lieber, wenn die Öffentlichkeit sich in Sicherheit wiegt. Und das, obwohl sich alle Wissenschaftler einig sind, dass der gegenwärtige Sonnenzyklus der intensivste ist, seit es überhaupt Aufzeichnungen über Sonnenzyklen gibt.

Schon im Jahr 2006 wies der Solarphysiker David Hathaway darauf hin, dass der jetzige Zyklus derartige Intensitätssteigerungen zu verzeichnen hat, dass er den Menschen gefährlich werden könnte. Hathaway, der am »Marshall Flight Space Center« der NASA arbeitet, wertete alle Messdaten akribisch aus und kam zu der Prognose: Eine Mega-Eruption wird sich vermutlich schon 2010 oder 2011, spätestens aber 2012 ereignen.

Wie können wir uns nun weitere Informationen beschaffen? Auf dem Geomagnetischen Index, speziell auf dem »Inter-Hour Variability Index« kann man Daten ablesen, die mit einem sogenannten Magnetometer aufgezeichnet werden. Es sind Feldstärken, die an zwei sich gegenüberliegenden Punkten der Erde gemessen werden – in England und Australien. Diese Daten werden seit 1868 täglich aufgezeichnet. Aufschlussreich sind sie vor allem deshalb, weil sie eine Voraussage über die Stärke des folgenden Sonnenzyklus erlauben. So kann man die Prognose stellen, dass bereits 2010 ein Maximum von Sonneneruptionen zu erwarten ist, mit einer vermuteten Sonnenfleckenanzahl von etwa 160, plus/minus 25, laut David Hathaway. Jedoch bezieht sich diese Prognose auf die Datenauswertung der vergangenen Zyklen und beinhaltet nicht die aktuellen Aktivitäten auf der Farside der Sonne, die von der NASA immer noch nicht brauchbar erklärt wurden.

Sie erinnern sich: Solar bedingte Schwingungsveränderungen haben durch eine veränderte Schwingungsfrequenz der Luftmoleküle einen direkten Einfluss auf unser Erdklima. Die Meinung vieler Wissenschaftler, dass uns große Klimaveränderungen, wenn nicht Klimakatastrophen bevorstehen, ist also eine faktisch erwiesene Realität. Angekündigt haben sich diese Wetteranomalien schon lange. Immer wieder in den letzten Jahren gab es Berichte über seltsame Wetterphänomene, etwa über Schneefall in den tropischen Zonen Afrikas.

Das geht uns alle an, und wir werden sie alle ängstlich beobachten, die Wetteränderungen und die Eingriffe in unsere körperliche und neuronale Struktur. Wir sind, metaphorisch gesprochen, schwingende Zahlen, wir hängen ab von physikalischen Gegebenheiten, die sich im Einklang mit mathematisch berechenbaren Naturgesetzen befinden. Durch unsere fraktale Organisation sind wir tief eingebunden in alles, was sich im Kosmos ereignet. Das ist eine Tatsache, die unsere größte Aufmerksamkeit verdient. Denn die Zeit drängt. Ob die Super-Sonneneruption nun 2010, 2011 oder 2012 ausbricht: Sie wird ausbrechen, mit einer alles hinwegfegenden Wucht.

Um uns den wahrscheinlichen Ereignissen der kommenden Jahre weiter anzunähern, komme ich noch einmal auf die Sonnenflecken zurück. Hier geraten einmal mehr die Kalender der Maya ins Spiel. Die Astronomen der Maya orientierten sich bei ihren Kalendarien an den Sonnenflecken – ohne zu wissen, dass sie damit den Rhythmus der Sonneneruptionen aufzeichneten. Heute sind es modernste Messinstrumente und Satelliten, die die Sonne beobachten. Gemessen werden dabei unter anderem die Röntgenstrahlungen, die von der Sonne ausgehen. Die Schlussfolgerungen sind die gleichen, ob man nun die Maya-Mythen oder die wissenschaftlichen Daten heranzieht: Alles deutet auf eine Kumulation von enormen Energien hin.

Die Intensität der Energieausschüttung wird heute in mehrere Kategorien eingeteilt: A, B, C, M und X, wobei die X-Klasse den stärksten Energielevel markiert. Wer sich dafür interessiert, kann auf der Website der NASA jederzeit Einblick in die genauen Messdaten nehmen. Seit einigen Jahren verfolge auch ich die Informationen, die dort ins Netz gestellt werden. Und zuweilen stoße ich auf Ereignisse, die – meist unbemerkt von der Öffentlichkeit – einigen Sprengstoff enthalten. So erging es mir auch am 4. November 2003. An diesem Tag hatten die Beobachtungssatelliten einen besonders großen Sonnenfleck registriert, und die NASA kommentierte dies mit den Worten: »Dieser Sonnenfleck könnte der stärkste jemals beobachtete sein. Es handelt sich um eine gigantische Eruption, doppelt so stark wie die intensivste, die gemessen wurde, seitdem man Mitte der 70er Jahre mit der satellitengestützten Beobachtung begann.«

Dieser »X-Class-Flare« erzeugte also die größte jemals gemessene Teilchenentladung. Sie war so immens, dass die Satelliten elf Minuten lang gleichsam »geblendet« und funktionsunfähig wurden. Das Anzeichen der Mega-Explosion war ein riesiger Sonnenfleck, der »Sunspot 486« benannt wurde und zum Zeitpunkt seines Maximums rund 15 Mal größer als die Erde war. Welche Energien genau frei wurden, konnte nicht einmal bestimmt werden, denn laut der Europäischen Weltraumorganisation ESA reichte die Skala der Messinstrumente auf dem amerikanischen Forschungssatelliten GOES nicht mehr aus, um den Wert anzuzeigen.

Warum nun passierte keine Katastrophe? Das haben wir eher einem glücklichen Zufall zu verdanken. Da die Teilchenwolke senkrecht vom westlichen Sonnenrand ins All geschleudert wurde, streifte sie unser Erdmagnetfeld lediglich knapp. »Wenn solch ein Ausbruch auf der Mitte der Sonnenscheibe stattgefunden hätte, dann hätten wir auf der Erde mit Schäden in mehrstelliger Milliardenhöhe rechnen können«, urteilte der Astronom Ulrich Rieth. Alles, was wir für das Jahr 2012 erwarten, hätte sich dann bereits 2003 ereignet: der Totalverlust von Satelliten, großflächige Stromausfälle sowie die Zerstörung von Teilen der Ozonschicht.

Rieth vergleicht die Sonneneruption von 2003 mit einem

anderen solaren Vorfall der Neuzeit: dem sogenannten »Carrington-Ereignis.« Die Rede ist von einem gewaltigen Sonnensturm, der 1859 ausbrach. Satelliten gab es damals natürlich noch nicht, doch der britische Astronom Carrington berichtete damals von äußerst dramatischen Konsequenzen. An diesem Tag wurden zahlreiche Fernschreiberleitungen in den Vereinigten Staaten und Europa zerstört, da offenbar Transformatoren geschmolzen waren. Dort, wo es Elektrizität gab, entstanden Kurzschlüsse, vielerorts brach Feuer aus. Carrington selbst beobachtete starke Polarlichter und erfuhr später, dass sie – wie sonst unüblich – bis zum Äquator zu sehen gewesen waren.

Was 2003 geschah, stellte die Forscher vor einige Rätsel, denn die Sonneneruption und der darauffolgende Teilchenausstoß folgte nicht den normalen Mustern. So dauerte es nur knapp 18 Stunden, bis die von der Sonne herausgeschleuderte Plasmawolke die Erde erreichte, statt zwei bis vier Tage. Offenbar hatte die ungeheure Wucht der Eruption die Geschwindigkeit der Teilchen abnorm beschleunigt. Das ist neu. Und neu ist auch, dass in der letzten Zeit gesteigerte Sonnenaktivitäten nicht immer durch Sonnenflecken angekündigt werden.

2009 meldete die NASA, dass die Sonnensatelliten einen gesteigerten Ausstoß ionisierter Teilchen registrierten, für den es keinerlei äußere Anzeichen hab. Alles spreche dafür, so die NASA, dass es auch »unsichtbare« Eruptionen geben könne. Jetzt hatten sie den endgültigen Beweis dafür, dass auch eine ruhige Sonnenoberfläche kein Garant für eine inaktive Sonne war. Die Forscher des »Marshall Space Flight Center« der NASA in Huntsville vermuten angesichts neuester Aufnahmen der Sonnensatelliten, dass der beobachtete Masseauswurf deshalb unangekündigt verlief, da er seinen Ursprung nicht tief im Sonneninneren hatte, sondern sich aus einer großen, aktivierten Zone der Sonnenoberfläche genährt hatte. Aus diesem Grund war kein Sonnenfleck gesehen worden.

Was daraus für uns folgt, ist letztlich ein Versagen der üblichen Frühwarnsysteme. Im April 2009 veröffentlichte die NASA dementsprechend ein Statement, das dieses Phänomen beschrieb: »Die Sonne ist so ruhig wie schon seit rund hundert Jahren nicht mehr. Die NASA konnte im vergangenen Jahr in 73 Prozent der Beobachtungszeit keinen einzigen Sonnenfleck registrieren. Dieses Jahr fallen die Zahlen sogar noch extremer aus: An 87 Prozent der Tage war die Sonne völlig fleckenlos. Derzeit ist das Sonnenfleckenminimum derart ausgeprägt, dass die Forscher nur staunen können.«

Wir wissen: Es ist die Ruhe vor dem Sturm. Und der Sturm kündigt sich bereits an, durch die erwähnten »unsichtbaren« Teilchenauswürfe. Wie bei einem Dampfdruckkochtopf sammeln sich in diesen Wochen und Monaten Energiepotenziale in und auf der Sonne an, deren Intensität wir nur erahnen können. 2012 werden sich diese Energien in einem gigantischen Ausbruch entladen und unsere Welt verändern. Ob zum Guten oder Schlechten, das kann bisher niemand sagen.

Doch es gibt Hoffnung. Denn die psychischen Veränderungen, die uns bevorstehen, beinhalten auch die Option auf ein neues Denken. Wir könnten die Gelegenheit haben, alte Strukturen hinter uns zu lassen. So sehen es jedenfalls die Astrologen. Und so sehen es auch einige Biophysiker, die sich schon jetzt mit den geistigen und seelischen Folgen eines veränderten Erdmagnetfelds auseinandersetzen. Im folgenden Kapitel werde ich daher schildern, welche hirnphysiologischen Voraussetzungen dafür gegeben sind.

6. KAPITEL:
KRAFTWERK GEHIRN

Die solaren Steuerungen unseres Bewusstseins

Unser Gehirn ist ein wahres Kraftwerk. Es ist der Ort unserer Wahrnehmungen, es selektiert und bewertet sie, es ordnet sie und löst durch seine Aktivitäten komplexe emotionale Vorgänge aus. Zusätzlich werden alle relevanten Daten (*übergeordnet* abgelegt, denn die Daten werden nicht-lokal gespeichert) gespeichert und individuell verknüpft zu dem, was wir Wissen nennen: als Gedächtnis, als Strukturierung neuer Informationen und als Antizipation dessen, was geschehen könnte. Schließlich erfolgt dann ein hochkomplizierter Prozess, in dem aufgrund aller gespeicherten Werte Handlungsentscheidungen getroffen werden.

Das alles klingt so, als seien wir Menschen in sich geschlossenen Systeme, mit einer begrenzten Kommunikationsfähigkeit, was unsere Umwelt betrifft. Wir neigen zwar dazu, gewisse Umwelteinflüsse einzugestehen, wenn wir denken, fühlen und handeln. Auch der Herkunft, der Erziehung und dem sozialen Umfeld billigen wir Prägungen zu. Doch darüber hinaus beharren wir gern darauf, dass wir als Individuen auch ganz individuelle Empfindungen und

Handlungsmuster haben. Wir fühlen uns unverwechselbar, zu Recht. Wir sind sogar stolz darauf, im Gegensatz zum Tier einen freien Willen zu haben und nicht allein vom Instinkt abhängig zu sein. Die gesamte geistesgeschichtliche Tradition arbeitete sich an der Frage ab, ob wir determiniert sind oder ob wir in unserem Handeln souverän bleiben, trotz aller Prägungen Alle Philosophen dachten darüber nach, wie sie den Menschen Wege zeigen konnten, ihr Handeln zu reflektieren und wertorientiert zu verändern.

Daher bedeutete es eine empfindliche Kränkung des menschlichen Selbstbildes, als die Neurobiologie mit immer neuen Erkenntnissen aufwartete, die eine Souveränität des menschlichen Geistes relativierten. Hirnforscher wie Gerhard Roth von der Universität Bremen konnten verblüffend genau beschreiben, wie etwa traumatische Erlebnisse die Gehirnstruktur veränderten und damit künftige Handlungsmuster vorgaben – beispielsweise bei Gewalttätern, die oft frühkindliche Misshandlungen erlebt hatten.

Die Neurobiologen analysierten sämtliche hirnphysiologischen Vorgänge, vom Verliebtsein bis zur Depression, und führten sie auf neurochemische Prozesse zurück. So konnten sie Regeln und Gesetze unseres Gefühlshaushaltes und unserer Aktionen herauskristallisieren, die weit entfernt von einem personalen freien Willen sind. Ihr Fazit: Unsere Selbstbestimmtheit ist eine Illusion. Wir sind eine hochempfindliche Matrix, auf der sich alles Erlebte messbar tief verankert.

Das war aber längst noch nicht der Endpunkt. Neue Perspektiven ergaben sich aus Untersuchungen, die sich mit der Auswirkung physikalischer Felder auf unser Gehirn befassten. Seit sich Biophysiker mit diesen Einflüssen auseinandersetzen, müssen wir uns mit der Tatsache abfinden, dass unsere Psyche in hohem Ausmaß auch physikalischen Einwirkungen unterliegt. Seit den 80er Jahren wurde die Veränderung biologischer Systeme unter spezifischen Feldbedingungen eingehend untersucht. Dabei stützte man sich auf die Erkenntnis, dass jede einzelne Zelle von elektromagnetischen Feldern gesteuert wird. Die Biophysiker Ingolf Lamprecht und Herbert Pohl, Leiter des »Pohl Cancer Research Laboratory«, hatten nachweisen können, wie diese Interaktion geschieht. Sie stellten fest, dass jeder biologische Organismus ein körpereigenes Magnetfeld produziert, das mit dem geomagnetischen Feld in Wechselwirkung tritt.

Lamprecht und Pohl konzentrierten sich zunächst auf die Zirbeldrüse, deren Sitz im Gehirn liegt. Diese Drüse regelt die sogenannten »circadianen Rhythmen«. Der Begriff stammt aus der Chronobiologie, einem Forschungszweig, der sich mit biologischen Abläufen in Bezug auf die Zeit beschäftigt. Der circadiane Rhythmus erstreckt sich auf 24 Stunden, dann wiederholt er sich. Alle Körperfunktionen, insbesondere die Ausschüttung von Hormonen, folgen diesem festgelegten Rhythmus. Im populärwissenschaftlichen Kontext spricht man daher auch vom Biorhythmus. Die Zirbeldrüse schüttet beispielsweise abends Melatonin aus, ein Hormon, das den Menschen müde werden lässt und sein Schlafbedürfnis weckt. Ändern sich nun die elektromagnetischen Felder, die auf den Organismus einwirken, so ändert sich auch der Hormonhaushalt im Körper. Denn die Zirbeldrüse verändert dann ihre Aktivität. Die Folgen sind unmittelbar spürbar. Wird etwa weniger Melatonin produziert, so bleibt der Mensch wach und aktiv. Wird das Hormon jedoch künstlich schon in der Mittagszeit aktiviert, so hat man den unwiderstehlichen Drang, sich schlafen zu legen.

Weitere hormonell bedingte Verhaltensänderungen sind Aggressivität und Apathie, die berühmte »gute Laune« oder auch depressive Verstimmungen. Man kann sich ohne viel Fantasie ausmalen, was etwa ein hormonell bedingtes Hochgefühl bei einem Trader an der Börse auslöst. Da er ohnehin emotional reagiert, wird er in einer Stimmung gesteigerter Lebensfreude eher bereit sein, ein Risiko einzugehen als sonst, was sich bei Spekulationsgeschäften drastisch auswirken kann, als Fehleinschätzung riskanter Aktien etwa.

Sie werden sich jetzt vielleicht mit einem gewissen Sarkasmus fragen: Wo im Gehirn werden denn solche Entscheidungen getroffen? Es kann doch unmöglich eine »Aktien-Zone« des Gehirns geben. Und doch gibt es sie. Hirnforscher der Universität Bonn und des California Institute of Technology konnten sie sogar genau lokalisieren. Sie liegt im Belohnungszentrum des Gehirns, im ventromedialen präfrontalen Kortex. In eigenen Experimenten untersuchten sie mit einem Gehirnscanner, was sich abspielte, wenn Versuchspersonen der Illusion anheim fielen, sie hätten etwas gewonnen – also eine massive Geldwertillusion aufbauten. So suggerierte man ihnen ein höheres Einkommen, teilte ihnen aber auch die aktuelle Inflationsrate mit. Eine simple Berechnung hätte ergeben, dass die scheinbare Einkommenserhöhung inflationsbereinigt nicht vorlag. Doch die Probanden gerieten derart heftig in den Bann eines bevorstehenden Gewinns, dass das Belohnungszentrum Euphorie erzeugte und eine Ernüchterung verhinderte.

Damit war ein alter Streit entschieden, der in der Psychologie als »Kognitions-Emotions-Debatte« bekannt ist. Man hatte nämlich darüber diskutiert, ob eher der Verstand oder das Gefühl handlungsentscheidend sei. Den Sieg nun trugen jene davon, die den Emotionen eine weit stärkere Funktion zuschrieben als dem Verstand. Die Informationsverarbeitung unterlag also wesentlich Gefühlsschwankungen. Man musste davon ausgehen, dass die Probanden gleichsam immun gegen Informationen wurden.

Die Experimente der Neuroökonomen waren äußerst verblüffend. Bald sprach man vom »spekulierenden Kortex«. Daneben konnten sie auch den Sitz der Angst bestimmen, des entscheidenden Faktors für übereilte Panikverkäufe. Die Furcht vor dem Risiko entsteht im Mandelkern, der im Temporallappen liegt. Selbst die Gier ließ sich lokalisieren: Sie residiert im Nucleus accumbens im unteren Frontallappen, dort übrigens, wo auch sexuelle Begierden und Süchte ihr Zentrum haben. Damit wurden den Verhaltensökonomen wertvolle Bausteine ihrer Theorie geliefert, denn nun waren Emotionen hirnphysiologisch messbar und analysierbar.

Wir müssen daher davon ausgehen, dass die Feinstruktur des Gehirns alle ökonomischen Entscheidungen regelt, besonders dann, wenn sie wie bei Tradern vor allem emotional bestimmt sind. Jede Gehirnzelle ist aber auch elektromagnetisch gesteuert, durch geomagnetische Felder. Lamprecht und Pohl jedenfalls sind sich sicher: Die Kommunikation unserer Zellen mit physikalischen Feldern zieht starke Stimmungsschwankungen nach sich.

Der Biophysiker Dieter Broers ging noch einen Schritt weiter. Er wollte wissen, ob neben den natürlichen auch künstlich erzeugte Felder einen signifikanten Einfluss haben könnten. War es möglich, im Laborversuch Menschen emotional zu verändern? Konnte etwa die Zirbeldrüse durch eine künstliche Befeldung derart manipuliert werden, dass sie Rhythmus und Intensität der Hormonausschüttung variierte?

In zahlreichen Experimenten mit freiwilligen Versuchspersonen untersuchte Broers die Auswirkungen auf die neuronalen Strukturen der Probanden. Die Ergebnisse überzeugten selbst notorische Skeptiker: Es gab nachweisbare Effekte durch Feldveränderungen. Während die Versuchspersonen im Glauben gelassen wurden, sie machten eine Entspannungsübung, richtete Broers elektromagnetische Impulse auf ihr Hirn – mit unschädlichen Frequenzen, die auch in der Natur vorkommen. Das Ergebnis: Bei bestimmten Frequenzen produzierte die Zirbeldrüse verstärkt das Hormon Serotonin, was den Probanden ein unerklärliches Wohlgefühl bescherte. Andere Frequenzen wiederum ließ sie träumen und halluzinieren, so intensiv, dass viele hinterher von gleichsam spirituellen Erlebnissen sprachen.

Auf dem ersten Kongress der »European Biolectricmagnetics Association« in Belgien stellte Broers seine Studie vor. Ein Raunen ging durch das Auditorium, als er seine Thesen erläuterte. Erstmals hatte es ein Wissenschaftler gewagt, aktiv mit elektromagnetischen Feldern zu experimentieren. Broers fasste seine Untersuchungen mit den Sätzen zusammen: »Das Verhalten von Nervenzellen veränderte sich signifikant unter dem Einfluss schwacher elektromagnetischer Felder, die mithilfe eines Hohlraumresonators erzeugt wurden.« Diesen für diese Versuche extra modifizierten Hohlraumresonator hatte Broers selbst entwickelt und zum Patent angemeldet. Er stellte unter anderem fest, dass sich bestimmte Frequenzen zur Schmerztherapie eigneten und körperliche Defekte wie Gelenkknorpeldeformationen reparierten.

Seine Ergebnisse wurden bald von anderen Forschern bestätigt. An der Technischen Universität Braunschweig arbeiteten U. Kullnick, L. Luethe und H. Saxeland mit dem von Broers entwickelten Befeldungsapparat und konnten abschließend resümieren: »Wir haben einige Patienten mit einer neuen physikalischen Therapie behandelt, die auf einer elektromagnetischen Befeldung beruht. Diese Behandlungen verzeichneten Erfolge bei vielen verschiedenen Krankheitsbildern wie rheumatischen Erkrankungen sowie Entzündungen aller Art und konnten auch zur Schmerztherapie eingesetzt werden. Die physiologischen Wirkungen wurden in unserem

Labor unter abweichenden Bedingungen getestet, wobei unterschiedliche elektromagnetische Feldarten und Feldstärken zum Einsatz kamen, die jeweils zehn Minuten lang verabreicht wurden.«

Die Forscher, die am Zoologischen Institut der Universität arbeiten, führten unter anderem Versuche an Weinbergschnecken durch, um die Vorgänge auf der zellularen Ebene genauer beschreiben zu können. Sie fanden heraus, dass sich die bioelektrischen Vorgänge in den Neuronen der Weinbergschnecken durch die Befeldung mit schwachen, niedrig gepulsten elektromagnetischen Wellen deutlich veränderten. Schon nach einer kurzen Anwendung begannen die Neuronen mit einer Hyperpolarisierung. Außerdem wurde der elektrische Widerstand der Zellmembranen und der Reizschwellenwert der einzelnen Zelle gesenkt. Rückübersetzt auf die emotionalen Aktivitäten des Gehirns kann man die Erkenntnis formulieren, dass die erhöhte Reizbarkeit einzelnen Zellen insgesamt zu einem höheren Erregungslevel führt. Die Intensität von Emotionen erhöht sich und die Bereitschaft, emotional zu handeln.

Weltweit wurden inzwischen zahlreiche Studien durchgeführt, die im Besonderen veränderte Aktivitäten der Zirbeldrüse durch elektromagnetische Felder detailliert aufzeichneten. Es ging dabei um die Ausschüttung der Neurotransmitter Melatonin und Serotonin, und immer wieder erwies sich, dass diese Hormon produzierende Drüse äußerst sensibel reagierte. Bedenkt man die zentrale Steuerungsfunktion der Zirbeldrüse, so wird offenbar, woher die eklatanten Stimmungsverschiebungen und Verhaltensänderungen rühren, die sich nicht zuletzt auch an der Börse auswirken.

In den darauffolgenden Jahren wurden weitere hirnphysiologische Prozesse detailgenau erforscht. Das Biologenteam H. Reiser, W. Dimpfel und F. Schober veröffentlichte 1995 klinische Studien, bei denen sie verschiedene Frequenzen zum Einsatz brachten. Sie konnten anhand eines Experiments mit 36 Probanden eine generelle Erhöhung der Gehirnaktivität beobachten, wenn mit den Frequenzen Alpha 2, Beta 1 und Beta 2 gearbeitet wurde. Gleichzeitig erlaubten diese Studien Rückschlüsse auf die Wirkung natürlicher Felder, vor allem auf die Wirkung eines schwächeren Erdmagnetfelds, das stets als Folge starker Sonneneruptionen auftritt. Auf der Metaebene bedeutete das: Was unter Laborbedingungen signifikant war, musste auch unter natürlichen Bedingungen manipulativ wirken.

Auch das deutsche Max-Planck-Institut für Festkörperforschung widmete sich in einem interdisziplinären Symposion diesem Thema. Auf Einladung der Deutschen Forschungsgemeinschaft trafen sich 25 Wissenschaftler aus den Fachgebieten Biologie, Chemie und Physik, die das vorliegende experimentelle Material einer umfangreichen Bestandsaufnahme unterzogen. Es blieb dabei: Elektromagnetische Felder hatten nachweislich eklatanten Einfluss auf alle lebenden Zellen, insbesondere auf die Gehirnzellen und die Zirbeldrüse.

Fasst man die vielen einzelnen Studien zusammen, so ergibt sich eine völlig neue Definition menschlichen Bewusstseins und Handelns. Pointiert gesagt, kommunizieren wir permanent mit dem Universum, und, weitaus erstaunlicher, unsere hirnphysiologischen Strukturen werden von Beginn an kosmisch geprägt, mit weitreichenden Konsequenzen für Wahrnehmen und Handeln.

Nun werden Sie einwenden, dass ich die genetischen Voraussetzungen in diesem Modell unzureichend berücksichtige. An dieser Stelle kann ich mit einer weiteren Überraschung aufwarten: Selbst unsere DNS unterliegt dem Einfluss elektromagnetischer Felder. Biophysiker haben in Laborversuchen mit einfachen Zellverbänden entdeckt, dass sowohl Mutationen als auch die Aufschaltung einzelner Gene wesentlich durch Feldeinflüsse gesteuert werden. Nicht alle Gene auf unserer Doppelhelix nämlich kommen auch tatsächlich zum Einsatz. Ihre Aktivierung und auch ihre mutative Veränderung unterliegt externen Feldeinflüssen. Aber ist unsere DNS in der Tat ein zentraler Faktor unserer Handlungen? Fallen nicht die beschriebenen Feldeinflüsse selber viel stärker ins Gewicht?

Wichtige Erkenntnisse lieferte hier die Zwillingsforschung. Eineiige Zwillinge verfügen bekanntlich über identische Gene, im Gegensatz zu zweieigen Zwillingen. Der Wissenschaftler Johannes Lange untersuchte 1929 den Wirkungsgrad des genetischen Potenzials, indem er die Biografien von 30 Zwillingspaaren verglich. So wollte er herausfinden, ob es eine genetische Disposition für kriminelles Verhalten gab oder ob eher Umwelteinflüsse für spätere

Straffälligkeiten verantwortlich waren. 13 Zwillingspaare seiner Studie waren eineiig, 17 zweieiig und damit genetisch unterschiedlich.

Als Lange die Ergebnisse veröffentlichte, wollten viele Humanwissenschaftler nicht wahrhaben, in welch beeindruckendem Maße die Genetik uns determiniert. Langes Studien schienen alle Erziehungsmaßnahmen und Therapien sinnlos werden zu lassen und ließen die Verfechter einer Umwelttheorie verstummen: Von den 13 einiigen Zwillingspaaren wurden 10 kriminell und zu Gefängnisstrafen verurteilt.

Die Persönlichkeit und die Gesamtheit der Charaktermerkmale, das bestätigten auch spätere Untersuchungen, hängen wesentlich von den genetischen Anlagen ab. Genetische Veränderungen, hervorgerufen durch Mutationen im Zuge schwankender Erdmagnetfelder, konnten daher für unerwartet auftretende Charakterzüge verantwortlich gemacht werden. Dies war ein Indiz dafür, dass die Stärke des lokalen Magnetfelds im Augenblick der Empfängnis nachhaltige Folgen für die Psyche hatte. Auch der Psychologe H. J. Eysenck und der Astrologe Jeff Mayo exponierten diese Zusammenhänge. So entschieden Erdmagnetfeldabweichungen während der Befruchtung beispielsweise darüber, ob dabei eine eher extrovertierte oder introvertierte Persönlichkeit gezeugt wurde.

Diese Theorien widersprechen nicht jenen von solaren Einflüssen auf unser Gehirn. Sie belegen stattdessen, dass unser gesamtes Verhalten, von den genetischen Prägungen bis zu hirnphysiologischen Vorgängen, elektromagnetisch gesteuert ist. Jetzt können Sie sicherlich noch besser verstehen, warum ich den universalen Einfluss der Sonne betone: Sie taktet uns, sie erhöht unsere emotionale Reizbarkeit und sie führt letztlich über die Manipulation bestimmter Gehirnareale zu dem, was wir als irrationales Börsengeschehen wahrnehmen.

7. KAPITEL: MIKROKOSMOS

Das Geheimnis der Energien

Sie haben nun bereits einiges erfahren über die Wirkungsweise solarer Eruptionen. Um zu veranschaulichen, warum unsere geistige und physische Gesundheit dabei unmittelbar betroffen ist, möchte ich genauer erläutern, in welchem Umfang hier Energieflüsse wirken. Was bedeutet überhaupt Energie? Und warum ist sie derart wirkmächtig? Diese Fragen führen uns in das Wesen allen Lebens.

Was wir mit den Augen sehen, scheint zunächst wenig mit Energie zu tun zu haben. Organische und anorganische Materie können wir mit Händen greifen. Wir haben es mit Stoffen zu tun, die wir in fester, flüssiger und gasförmiger Form kennen. Und doch ist das nur ein Aspekt von Materie. Sehr viel wichtiger ist die Tatsache, dass alles Stoffliche, sei es nun ein Stein oder unsere Haut, im wesentlichen Energie ist. Um diese These nachvollziehen zu können, müssen wir uns in die Welt der kleinsten Bausteine begeben: in die Welt der Atome.

Das gesamte Universum besteht aus Atomen und Atomverbindungen. Jedes Atom wiederum setzt sich aus einem Kern und einer Schale zusammen. Im Atomkern sind zwei

Arten elektrisch geladener Teilchen vorhanden – positive Protonen und neutrale Neutronen. Die Schale des Atoms dagegen ist mit negativ geladenen Elektronen besetzt. Nun aber kommt noch eine dritte und entscheidende Größe ins Spiel: die Quanten. Entdeckt wurden sie von dem bahnbrechenden Physiker Max Planck. Quanten sind masselose, schwingende Teilchen. Etwa eine Milliarde Quanten gibt es in einem einzigen Atom. Um diese Quanten zu beschreiben, bezeichnet man sie als elektromagnetische »Felder« oder »Schwingungen«, manche Wissenschaftler sprechen auch von »Energien«.

Quanten sind gewissermaßen der Kitt der Materie. Dabei sind sie im Grunde lediglich »Energie-Wellen« und besitzen nur dann eine Masse, wenn sie sich mit Lichtgeschwindigkeit bewegen. Die moderne Physik entdeckte, dass ein Atom zu 99,99999999999999 Prozent aus Energie-Quanten besteht. Die Masse des Atoms macht also lediglich unvorstellbare 0,00000000000001 Prozent aus. Der Nobelpreisträger für Physik Carl Rubia definiert Quanten folgendermaßen: »Die Quanten der elektromagnetischen Felder sind jeglicher Masse übergeordnet, steuern sie, bestimmen ihren Zusammenhalt und sind weit in der Überzahl.«

Was bedeutet dies nun für uns? Da alle Lebewesen und auch die unbelebte Materie aus Atomen bestehen, steuern Quanten die Atome und Molekülverbände aller Organismen und aller anorganischen Stoffe. Damit kontrollieren und steuern sie zugleich auch all unsere gesamten Lebensvorgänge.

Der Biophysiker Fritz-Albert Popp, der am Technologie-zentrum Kaiserslautern forscht, untersuchte die genaue Funktionsweise von Quanten. Er fand heraus, dass die Kommunikation der Zellen untereinander durch Lichtquanten erfolgt, die er Biophotonen nannte. Quanten steuern damit die Struktur von Gewebe und Organen und ermöglichen deren Funktion. Für unser Thema ist das deshalb von Belang, weil wir auf diese Weise Aufschluss über die Wirkungsweise elektromagnetischer Felder in biologischen Organismen erhalten. Man unterscheidet dabei vier verschiedene Frequenzspektren elektromagnetischer Schwingungen, ohne die biologische Organismen nicht leben könnten. Daher nennt man sie »biologische Konstanten«. Gemessen werden sie in Hertz, eine Einheit, die die Schwingungsanzahl pro Sekunde festhält.

Erstens handelt es sich dabei um Licht, mit einer Schwingung von 50 Billiarden Hertz. Die zweite Kategorie sind Solarwellen, mit einer Frequenz von 250 Millionen Hertz. Drittens sind es die »Schumann-Wellen«, mit einer Schwingungszahl von 7,8 Hertz, viertens geomagnetische Wellen mit 10.000 Hertz.

Fehlen diese vier Arten elektromagnetischer Schwingungen, so führt das bei Menschen zu Desorientierung und schweren psychischen sowie körperlichen Problemen – bis hin zum Tod. In diesen Kontext gehört etwa die »Astronautenkrankheit«, die vor allem durch das Fehlen geomagnetischer Frequenzen ausgelöst wird. Deshalb ging man dazu über, in Raumstationen künstlich Schwerkraft zu erzeugen.

Untersucht wurden diese Phänomene unter anderem von der NASA, von russischen Raumfahrtmedizinern und vom Max-Planck-Institut Erling-Andechs. Versuche mit Mäusen und Ratten zeigten, dass das Fehlen der Felder zu einer dramatischen Destabilisierung führte. Nach etwa sechs Wochen verloren die Versuchstiere ihr Fell, nach durchschnittlich vier Monaten starben sie.

Die lebensnotwendigen Schwingungen umgeben uns auf der Erde permanent. Wir können sie weder tasten, sehen noch riechen, und doch spüren wir sie zuweilen. Vielleicht bezeichnen Sie sich selbst als »wetterfühlig«. Dann nehmen Sie unterschiedlichste Veränderungen wahr, etwa Kopf- und Gelenkschmerzen, sobald sich das Wetter ändert. All das beruht auf einer Schwankung der entsprechenden Felder. Doch selbst weniger sensible Personen erleben Stimmungsschwankungen durch Wetteränderungen, die wiederum die Folge veränderter Schwingungen sind.

Das trifft beispielsweise auf das Umschlagen zu sehr schönem Wetter zu. Nicht von ungefähr sprechen wir dann von »heiteren Aussichten«. Dieses Sprachbild beinhaltet einen wissenschaftlich belegbaren Kern. Der Grund sind Schönwetterfrequenzen, die »Whistlers«, weil sie ein hörbares Pfeifen erzeugen können, im Bereich von 1000 Hertz. »Schönwetter-Spherics« erzeugen ein Wohlgefühl und eine ausgesprochen positive Stimmung. Dieser Frequenzbereich kann auch therapeutisch genutzt werden. Wenn man depressive Probanden mit 1000 Hertz befeldete, besserte sich ihr Zustand spontan.

Besondere Beachtung schenkt man dabei den abweichenden Erdmagnetfeldfrequenzen, sofern sie deutlich niedriger sind – sie gelten als Risikofaktor Nummer eins. Die Abteilung »Klinische und physiologische Psychologie« der Justus-Liebig-Universität Gießen, fasste die Erkenntnisse in einem Dossier zusammen. Darin heißt es: »Der lebende Organismus wird ständig durch die natürlichen elektromagnetischen Felder beeinflusst, die eine breites Spektrum der Frequenzen umfassen. Einer dieser Einflüsse, mit sehr niedrigen Frequenzen von 1 bis 100 Kilohertz, wird durch ein Phänomen dargestellt, welches LV-Sferics genannt wird. Sferics sind die sehr kurzen und schwachen elektromagnetischen Felder, die durch atmosphärische Entladungen wie Blitze erzeugt werden. Deshalb können die Eigenschaften auf der unteren Ionosphäre gut beobachtet werden.«

Des weiteren stellen die Mitarbeiter der Abteilung fest: »Es kann davon ausgegangen werden, dass Sferics in der Lage sind, lebende Organismen und physikalisch-chemische Systeme zu beeinflussen. Spezifischer kann man diese Sferics als die möglichen Auslöser für Änderungen im körperlichen und emotionalen Wohl der Menschen bezeichnen, auch als Wetterempfindlichkeit oder Meteoropathy bekannt.«

Dr. Howard Friedman, Chef des psychologischen Dienstes am Krankenhaus der »Veterans Administration« in Syracuse, New York, untersuchte diese Vorgänge in eigenen Studien. Er kam zu dem Schluss, dass der Mensch über innere elektrische Steuerungssysteme verfügt, die Psyche und Physis beeinflussen. Diese Steuerungssysteme stehen unmittelbar mit dem geomagnetischen Feld der Erde in Beziehung. Gleichzeitig konnte er nachweisen, dass alle Auffälligkeiten mit Sonnenfleckenaktivitäten korrelieren. Und er fand heraus, dass es vor allem eine Schwächung des Erdmagnetfelds ist, die diese Auffälligkeiten bewirkt.

Salopp gesagt, bedeuten solche Magnetfeldschwankungen Stress. Sowohl körpereigene Stoffwechselprodukte als auch äußere Nahrungs- und Giftbelastungen werden unter dem Einfluss veränderter elektrischer Felder daher abweichend verarbeitet. Das hat vielfache Auswirkungen. Sie betreffen die inneren Strukturen und Funktionen des Glaskörpers im Auge, das Innenohr sowie Knorpel, Bandscheiben und Sehnenscheiden. Außerdem verändern sie die Innenauskleidung der Gefäßwände, die Rückenmarks- und Gehirnflüssigkeit, das Blut und die Funktionsweise der Organe.

Das renommierte Fachmagazin *Nature* veröffentlichte bereits 1979 eine Studie, die den Zusammenhang von geomagnetischen Aktivitäten und Herzinfarkten nachwies. Die Ergebnisse sorgten für einiges Aufsehen bei Medizinern. Bisher hatte man rein organische Ursachen für das Entstehen einer Angina Pectoris angenommen. Doch die Diagramme der Studie zeigten zweifelsfrei, dass solare Einflüsse den Zustand von Herzpatienten signifikant verschlimmern konnten. Diese Erkenntnis öffnete den Blick für einige weitere Forschungsgebiete jenseits der Schulmedizin. Immer mehr Biologen und Ärzte interessierten sich jetzt für weitere Phänomene in diesem Terrain.

Der NASA-Physiker F. Halberg begann daraufhin mit der Auswertung verschiedenster Statistiken. Er analysierte sechs Millionen Notrufe und die dazugehörigen Patientendaten, die innerhalb eines Jahres in Moskau und St. Petersburg registriert worden waren. Er überprüfte dabei unter anderem die EKGs und die Melatoninwerte und verglich sie mit den Zyklen von Sonneneruptionen und der Intensität elektrisch geladener Teilchenwolken, die dementsprechend von der Sonne zur Erde gelangt waren. Alle Messdaten ordnete er auf einer Zeitachse. Anschließend gab er die Daten in einen Computer ein und erstellte ein Diagramm, das sich aus den Parametern des Magnetfeldes und der Zeitachse zusammensetzte. Was er herausfand, war wegweisend: »Wenn die Spannung des interplanetaren Magnetfeldes von einem positiven auf einen negativen Wert umspringt, steigt in Moskau die Zahl der Herzinfarkte sprunghaft an.« Es stand fest, dass es einen engen Zusammenhang zwischen Befindlichkeitsstörungen, ausgelöst durch eine veränderte Aktivität der Zirbeldrüse, und kardialen Risiken gab. Mit anderen Worten: Was im Hirn manifest war, eine Änderung des Hormonhaushaltes, konnte Herzerkrankungen wesentlich verschlimmern.

Zu den neu entstehenden Wissenschaftsbereichen gehört die Chronobiologie. Sie beschäftigt sich mit der Zeitdimension in Bezug auf die Funktionsweise des Körpers. Zu den Pionieren der Chronobiologie gehört ebenfalls Franz Halberg, NASA-Mediziner und Mitglied der Leibniz-Sozietät. Er fertigte Grafiken mit Zeitstrukturen an, innerhalb derer sich biologische Abläufe ereignen. Diese Zeitstrukturen nannte er Chronomen – nach dem griechischen Begriff Chronos für Zeit.

Halberg gehört zu den ersten Wissenschaftlern, die natürliche Phänomene im Hinblick auf die Zeitachse erforschten. Und seine Erkenntnisse waren derart grundlegend, dass sich daraufhin viele einzelne Forschungszweige entwickelten: Chronobiologie, Chronophysiologie, Chronopathologie, Chonopsychologie, Chronopharmakologie, Chronotherapie, Chronosoziologie, um nur die wichtigsten Disziplinen zu nennen. Denn die vielen physiologischen und psychischen Prozesse laufen nicht spontan ab, sondern folgen bestimmten Zeitmustern. Von nun an konnte man in analytischer, diagnostischer und auch therapeutischer Hinsicht einen neuen Parameter anwenden.

Zeitstrukturen regeln alle biologischen Prozesse und lassen sogar Aufschluss über den Ursprungs allen Lebens zu. In welchen Zeiträumen sich nun bestimmte Entwicklungen ereignen, ist weitgehend genetisch festgelegt. Ein sinnfälliges Beispiel dafür ist das biologische Altern des Menschen. Es folgt einer inneren Uhr, die über Hormone Wachstum und Regenration steuert. Im Laufe des menschlichen Lebens legt diese innere Uhr fest, wann das Längenwachstum endet und wann die Regenerationsprozesse sich verlangsamen, bis hin zum Stillstand des Systems, zum Tod. In unserem Genom ist also weitgehend festgelegt, in welchen Zyklen sich unsere biologischen Abläufe bewegen.

Die Pointe ist, dass diese gesetzten Rhythmen nicht unveränderbar sind. Im Gegenteil: Sie weichen immer dann ab, wenn geomagnetische Einflüsse wirken. Um weitere Einflussgrößen herauszufinden, bezog Halberg auch geografische Daten mit ein. Er verglich dabei Messdaten über die körperliche Verfassung in Bezug auf die Region, in der die betreffenden Menschen lebten. Offenbar gab es Zonen auf der Erde, die ein höheres Krankheitsrisiko erzeugten. In diesem Zusammenhang wies Halberg auch auf die gleichzeitig auslösende Wirkung geomagnetischer Einflüsse hin. Je mehr er sich in diese Forschungsarbeit vertiefte, desto auffälliger wurden die Korrelationen: Eine erhöhte Krankheitsgefahr war offenbar gegeben, wenn bestimmte kosmische Einflüsse wirkten. Das führte ihn zu einer intensiven Beobachtung auch der Planetenkonstellationen.

Nun begann Halberg, das Datenmaterial von Krankenhäusern auszuwerten. Seine Hypothese bestätigte sich: Verursacht durch solare Aktivitäten erhöhte sich regelmäßig das Risiko von Kreislaufzusammenbrüchen. Die Überwachungsinstrumente auf Intensivstationen gaben ein sehr genaues Bild darüber, was sich im Einzelnen abspielte. Patienten, die rund um die Uhr beobachtet wurden, zeigten charakteristische Abweichungen von Blutdruck und Herzfrequenz.

In allen Fällen wurden durch abweichende Frequenzen und Feldstärken die Lebensfunktionen entscheidend gestört. Man registrierte Auswirkungen auf Nerven und Gehirnströme, eine Schwächung der Leukozytenfunktion, sogar die Eiweißwerte des Blutes waren verändert. Experimente mit Termiten und Hausbockkäfer ergaben, dass Nahrungsaufnahme und Sauerstoffverbrauch ebenfalls durch Magnetfeldänderungen kontrolliert wurden.

Eine weitere interessante Entsprechung fand der Biophysiker Barnett Rosenberg von der Michigan State University: einen Zusammenhang zwischen Sonnenflecken und Todeszeitpunkt. Er benutzte die Computerprogramme, um die verfügbaren Messdaten hochzurechnen. Auch hier bestätigte sich die anfängliche Hypothese, dass zwischen den Rhythmen der periodisch auftauchenden Sonnenflecken und dem Versagen des Systems Mensch ein direkter Zusammenhang existierte. Anhand der Geburtsstatistiken des Washingtoner Repräsentantenhauses von 1750 bis 1900 konnte Rosenberg nachweisen, dass durch die unterschiedlichen Strahlungswerte der Zyklen die Wahrscheinlichkeit des Todes an bestimmten Tagen größer ist.

Das alles ist im Hinblick auf zu erwartende Mega-Eruptionen von höchster Brisanz. Noch stehen Biologen und Mediziner vor dem Problem, dass sie zwar auf der analytischen Ebene einiges geleistet haben, dass aber die therapeutischen Maßnahmen noch wenig erforscht sind. Kann man die zu erwartenden solar bedingten Gesundheitsrisiken überhaupt eindämmen? Wäre es sinnvoll, im großen Stil mit künstlich erzeugten hohen Frequenzen gegenzusteuern? Die Zeit drängt. Und es wird überlebenswichtig sein, dass die Medizin sich dieser Phänomene bald annimmt.

Nicht nur für Kranke ist das von größter Bedeutung. In der Studie der Federal Reserve Bank of Atlanta wird ein

Statement erwähnt, das aufhorchen lässt. Die Forscher Zkharov und Tyrnov hatten 2001 festgestellt: »Es besteht Einigkeit darüber, dass sich Sonnenaktivitäten besonders drastisch bei geschwächten und kranken Menschen auswirken. In unserer Studie konnten wir nachweisen, dass unter besonderem emotionalen Stress etwa bei der Arbeit oder auf der Straße aber auch gesunde Menschen extrem betroffen sind. Der Effekt wurde besonders nach solaren Eruptionen beobachtet und zeigte sich als eine Störung des zentralen Nervensystems«.

8. KAPITEL: TRANSFORMATION
Die Ursachen gesellschaftlicher Umbrüche

Die Sonnenzyklen, so viel scheint klar, takten alles Leben auf der Erde. Da die Einflüsse hochkomplex sind und Wechselwirkungen mit physischen und psychischen Prozessen einleiten, liegt es auf der Hand zu fragen, welche gesamtgesellschaftlichen Auswirkungen Sonnenaktivitäten haben könnten. Über den Transmissionsriemen der Börse und ihrer Schwankungen werden politische und soziale Bedingungen zweifellos dramatisch verändert. Doch gibt es vielleicht noch weit größere Dimensionen, in denen die solaren Einflüsse wirksam werden? Und wenn ja, was vermögen dann diese titanischen Kräfte?

Der russische Wissenschaftler Alexander Chijevsky beschäftigte sich bereits in den 20er Jahren des letzten Jahrhunderts mit dieser Frage. Er ging von der Beobachtung aus, dass die elfjährigen Sonnenzyklen stets mit einer enormen Sonneneruption enden. Nun begann er, sich die einschlägigen Daten im Hinblick auf historische Ereignisse anzusehen. Er verglich also das Maximum und das Minimum der Sonnenaktivitäten mit einschneidenden geschichtlichen Geschehnissen. Die Conclusio war nahezu atemberaubend. Denn wenn wir gesellschaftliche, politische oder soziale Gründe für Kriege und Revolutionen annehmen, so ist das nicht die ganze Wahrheit. Vielmehr spielen solare Einflüsse offenbar eine Schlüsselrolle.

Damit widersprach Chijevsky allen politischen Theorien seiner Zeit, vor allem natürlich der in Russland vorherrschenden Doktrin der marxistisch-kommunistischen Weltanschauung. Seine Interpretation der geschichtlichen Entwicklungen stempelte ihn denn auch sofort zum Dissidenten ab. Der Diktator Stalin warf ihm wegen seiner Veröffentlichungen die Verbreitung antikommunistischen Gedankenguts vor. Chijevsky wurde verhaftet und in ein Straflager nach Sibirien verschleppt. Erst nach dem Tod Stalins holte Chruschtschow ihn zurück – nach fünfzig Jahren Haft. Obwohl Chijevsky als gebrochener Mann zurückkehrte, nahm er seine Forschungen sogleich wieder auf und sammelte eine beeindruckende Fülle neuer Beweise für seine Theorie.

Unter den späten Arbeiten Alexander Chijevskys findet sich eine Studie, in denen die Korrelationen von Sonnenfleckenzyklen und gesellschaftlichen Veränderungen explizit gemacht werden. Er analysierte die Historie von 72 Ländern und Nationen, beginnend 500 v. Chr. bis ins Jahr 1914. Zu den untersuchten Ländern zählten die meisten europäischen, aber auch Länder aller anderen Kontinente. Für seine Synopsis verwendete Chijevsky zeithistorische Chroniken, politische Statistiken und soziologische Analysen. Bald schon fand er heraus, dass die Intensität der meisten politischen und militärischen Ereignisse mit der Aktivität der Sonne zunahm und abfiel.

Jeder dieser Zyklen unterteilte er in vier Abschnitte. Auf diese Weise legte er Binnenzyklen fest. Eine Inkubationszeit mit minimaler Reizbarkeit dauerte demzufolge drei Jahre. Ein Anstieg der Reizbarkeit war über einen Zeitraum von zwei Jahren zu beobachten. Das Maximum dauerte drei Jahre, und genauso lange entwickelte sich der Zustand wieder auf einen Mittelwert zurück. Chijevskys Erklärung für die Schlüssigkeit der Korrelation war visionär: Er vermutete, dass mit erhöhten Sonnenaktivitäten die Bereitschaft der Menschen steige, sich manipulieren zu lassen.

Mit anderen Worten: In diesen Phasen zeigten sich die Menschen zunehmend empfänglich für kollektive Aktionen wie Kriege oder Umstürze. Sie waren begeisterbar, sie ließen sich instrumentalisieren, sie folgten zuweilen wie Lemminge den Parolen ihrer Führer – auch wenn das unkalkulierbare Gefahren für Leib und Leben des Einzelnen bedeutete. Nun, Sie merken es schon: Neurobiologisch sind diese Mechanismen inzwischen belegt, wie im 6. Kapitel beschrieben. Alles passt zusammen: Die erhöhte Reizbarkeit, das Ausblenden der Realität, die Schwächung der Ratio, das »unvernünftige« Handeln.

Chijevsky stellte zusammenfassend fest: Steigt die Sonnenaktivität an, erhöht sich die Wahrscheinlichkeit einer Transformation, sei es im Guten oder Schlechten. Es gibt demnach exakt zu datierende Phasen des Wandels, in denen selbst mächtige Imperien und hochstehende Kulturen zusammenbrechen und ausgelöscht werden können. Vor allem aggressive, kriegerische Handlungen treten dann vermehrt auf. Die Phänomene, die Chijevsky aufzählt, sind unter anderem Revolutionen, Aufstände und Völkerwanderungen. Bei geringeren Sonnenaktivitäten dagegen brachen friedliche Phasen an. Dann erhöhte sich das Potenzial für kreative Prozesse und harmonische, positive gesellschaftliche Entwicklungen. Wissenschaft und Kunst blühten, und statt einer manipulierbaren Masse setzten sich selbstbestimmte, schöpferische Individuen durch.

Was Chijevsky besonders faszinierte, war die Konsequenz aus den einzelnen Forschungsergebnissen: Unübersehbar hängt das politische und soziale Netzwerk auf der Erde von der Aktivität der Sonne ab. So konnte er schließlich historische Kulminationspunkte bestimmen. Im Jahre 1492 beispielsweise fanden in Spanien blutige Unruhen im Rahmen einer »Re-Christianisierung« statt, gleichzeitig entdeckte Kolumbus Amerika und läutete den Beginn der modernen Geschichte ein. Der Sonnenrhythmus korrelierte überdies mit der Französischen Revolution von 1789 und mit der Russischen Revolution von 1917. Weiter zurückliegende Daten waren 1306 der große Aufstand in England, 1358 der Aufstand in Frankreich, 1368 in China, 1381 wieder in England, um nur einige zu nennen. Sogar der Ausbruch und das Abflauen von Seuchen folgte den Sonnenzyklen, wie Chijevsky in einer Übersicht darlegte:

SUNSPOTS		CHOLERA EPIDEMICS		
Maxima	Minima	Beginning	Maxima	Ending
1816	1823	1816	1817	1823
1829/37	1833	1827	1829-31 – 1837	1833
1848	1856	1844	1848	1847
1860	1867	1863	1863-66	1875
1870	1878		1870-72	
1883	1889	1883	1883-86	1889
1894	1900	1890	1892-94	

Einige Wissenschaftler traten in Chijevkys Fußstapfen und gingen seinen Hinweisen weiter nach. Zu ihnen gehört Maurice M. Cotterell. Er untersuchte ebenfalls die Sonnenfleckenaktivitäten und ihre Bedeutung für Aufstieg und Niedergang von Hochkulturen. Dank der modernen Radiokarbonmethode war es ihm möglich, durch Messungen an Sediment-Bohrkernen und anderen Gesteinsarten Rückschlüsse auf die Sonnenaktivitäten früherer Jahrhunderte und Jahrtausende zu ziehen – bis zu 50.000 Jahre vor unserer Zeit.

Als Cotterell die Mayakalender mit den Rhythmen der Sonnenaktivität verglich, stellte er etwas Seltsames fest: Offenbar hatten die Maya ihren eigenen Untergang vorhersagen können, nämlich für den Zeitraum um 750 n.Chr. Laut Cotterell kehrte sich das Magnetfeld der Sonne in diesem Zeitfenster um, und die auf der Erde einwirkende Strahlung war zu dieser Zeit deutlich erhöht. Doch nicht nur das Schicksal der Maya, auch Aufstieg und Fall anderer Hochkulturen waren eng mit dem Sonnenzyklus verknüpft.

Daraufhin erstellte Cotterell ein Diagramm, das den Zusammenhang der Ereignisse mit verblüffender Schlüssigkeit demonstriert:

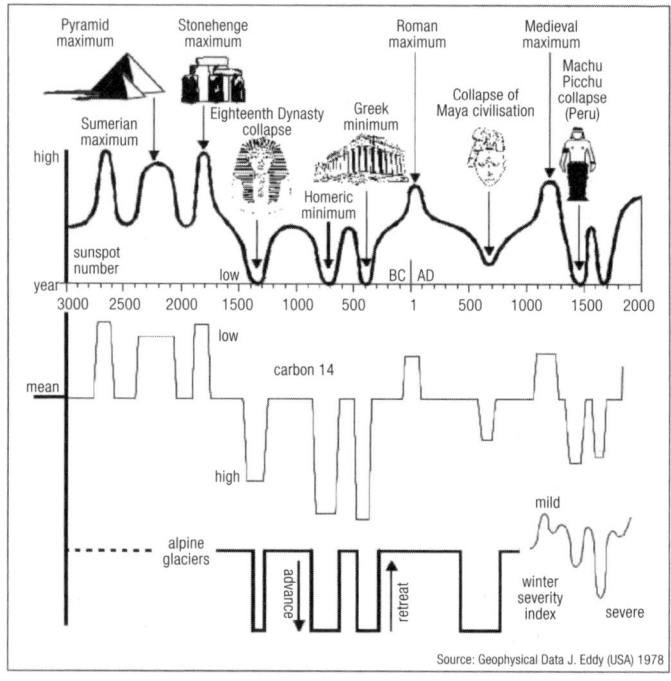

Source: Geophysical Data J. Eddy (USA) 1978

Die Grafik zeigt, dass die Maya-Hochkultur während eines Sonnenfleckenminimums unterging, also um 750 n. Chr. Auch die Kultur der Inka verschwand während eines Sonnenfleckenminimums, um 1500 n. Chr. Das gleiche trifft auf den Untergang der ägyptischen Hochkultur um 1300 v. Chr. zu.

Ein Schelm, wer jetzt fragt, ob auch unsere Kultur sich ihrem Untergang nähert. Immerhin: Ein Sonnenfleckenminimum ist bereits jetzt gegeben – bei gleichzeitig erhöhter Strahlung. Steuern wir also auf unsere Selbstauslöschung zu? Werden wir bald Geschichte sein?

Um diese recht schockierende Frage zu beantworten, setzte sich der Astronom und Klimaforscher Theodor Landscheidt mit der kosmischen Konstellation auseinander, die uns zurzeit bestimmt. 1989 veröffentlichte er die Untersuchung »Sonne, Erde, Mensch. Das Netzwerk kosmischer Oszillation – wie Planeten, Sonneneruptionen und geomagnetische Stürme Lebensbedingungen und Wirtschaftszyklen steuern.« Darin machte er einige Vorhersagen über das Wetter, die zum großen Erstaunen seiner Kollegen ausnahmslos eintrafen. So prognostizierte er eine gewaltige Ausprägung des Wetterphänomens »El-Niño« für das Jahr 1989, die sich dann tatsächlich ereignete.

»El-Niño« – wörtlich übersetzt »das Jesuskind« – ist eine Anomalie der Meeresströmungen im Ostpazifik. Sie ist meist um die Weihnachtszeit zu beobachten, daher der poetische Ausdruck »El-Niño«. Wegen einer noch unerklärlichen Änderung der Windzonen steigt dann die Wassertemperatur im Pazifik vor Peru von 24 auf 28 Grad Celsius. Was passiert da im Einzelnen?

Durch Passatwinde geraten normalerweise kalte Wassermassen aus der Tiefsee an die Meeresoberfläche, als Teil des Humboldtstroms vor der Küste Südamerikas. Das wärmere, nährstoffarme Oberflächenwasser mischt sich mit dem nährstoffreicheren Tiefseewasser und garantiert das Fortbestehen der Fischpopulationen. Kommt es zu einem »El Niño«, wird dieser Mechanismus außer Kraft gesetzt. Die Folgen sind dramatisch: Das Plankton stirbt ab, große Fischschwärme verenden.

Viele Klimaforscher haben sich zumeist vergeblich bemüht, die Gründe für das zeitweise Erliegen des Humboldtstroms zu finden. Vorhersagen konnten sie nicht treffen. Insofern waren Landscheidts Forschungen spektakulär. Und sie waren unorthodox dazu. Denn im Gegensatz zum Mainstream der Klimaforschung widerspricht er der These einer Erderwärmung und prognostiziert stattdessen eine neue Eiszeit. Als er diese These 2003 im Fachmagazin *Energy & Environment* veröffentlichte, ging ein Aufschrei durch die Szene. Doch da Landscheidt in so vielen anderen Fällen recht behalten hat, neigen inzwischen viele Klimaforscher dazu, seine Prognosen sehr ernst zu nehmen. Nicht zuletzt die Tatsache, dass er für 2007 ein großes »El Niño« gesehen hatte, das dann auch eintraf, hat ihm sehr viel Respekt eingetragen.

Von seinen Wetterforschungen lässt sich ein Bogen zu gesellschaftlichen Phänomenen ziehen. Denn Historiker sind sich darüber einig, dass das Schicksal der vergangenen Kulturen immer eng mit dem Klima verknüpft war. So waren es unter anderem katastrophale Dürren, die das Ackerbauvolk der Maya dem Untergang weihten. Ihre Lebensgrundlage wurde ihnen entzogen, Mangel und Hunger erodierten diese vormals mächtige Kultur. Sie waren dem Klima buchstäblich ausgeliefert.

Landscheidt weist bei seinen Studien immer wieder darauf hin, dass die Gesamtheit dieser Vorgänge ausnahmslos mit den Sonnenfleckenaktivitäten verbunden ist. Er erwartet eine Abnahme der Sonnenflecken bis 2030 und vermutet, dass die magnetischen Felder der Planeten unseres Sonnensystems dafür verantwortlich sind. Die Basis dieser Hypothese ist, dass alle größeren Planeten über ihre Magnetfelder Drehimpulse mit der Sonne austauschen und auf diese Weise die Sonnenzyklen beeinflussen.

Als Landscheidt nun die planetaren Geschehnisse mit jenen auf der Erde verglich, stellte er auffällige Parallelitäten fest. Das Muster der Sonnenfleckenzyklen deckte sich mit Eiszeiten, aber auch mit politischen Ereignissen aus 5000 Jahren menschlicher Kultur. Wie aktuell seine Forschungen sind, wird bei der Betrachtung unserer jüngsten Geschichte deutlich. Landscheidt konnte belegen, dass sich in der zweiten Hälfte des Jahres 1989 eine Folge gewaltiger Eruptionen auf der Sonne ereignete – genau in jenem Zeitraum also, als die Proteste in der DDR zum Umbruch und zur Auflösung des sozialistischen Regimes führten. Am 18. Oktober, einen Tag vor einer solaren Mega-Eruption, wurde Honecker entmachtet. Als die Sonne Anfang 1991 zu positiven Werten des Drehimpulses zurücksprang und eine neue Periode auslöste, begann die heiße Phase des ersten Golfkrieges. Im Frühjahr 1991 folgten die Aufstände der Kurden und Schiiten im Irak.

Werden wir weiter unter solchen Konstellationen zu leiden haben? Hier gibt Landscheidt Entwarnung. Die nächste

Rückläufigkeit der Sonne, die von den Konstellationen der großen Planeten abhängt, wird seinen Berechnungen nach erst von 2168 bis 2169 eintreten, was uns Zeitgenossen vorerst nicht weiter beunruhigen mag.

Unsere Abhängigkeit von kosmischen Bewegungsgesetzen ist eine Erkenntnis, die man je nach Charakter als narzisstische Kränkung oder als Bedrohung bewerten kann. Landscheidt weist in seinen Arbeiten allerdings darauf hin, dass der Mensch durch destabilisierende Einflüsse des Sonnensystems nicht »ferngesteuert«, sondern eher dazu angeregt werde, von seinem schöpferischen Potenzial Gebrauch zu machen. Das sollte uns Hoffnung geben. Wir sind nicht ausgeliefert, sondern werden vom Kosmos herausgefordert. Diese Sicht der Dinge korrespondiert mit der Theorie von Dieter Broers, der statt eines Untergangs einen Bewusstseinswandel kommen sieht. Obwohl sich die meisten Menschen der kosmischen Einflüsse nicht bewusst sind, spüren sie Landscheidt und Broers zufolge schon jetzt eine gewisse Unruhe und machen sich daran, ihre Strukturen zu überdenken und kreativ zu revidieren. Die Rückkehr von Religiosität und Spiritualität deuten sie als Teil dieses Prozesses. Einmal mehr mögen Sie sich an die uralte Weisheit der Maya erinnert fühlen und an ihren Glauben, dass 2012 kein Endpunkt, sondern ein Neubeginn ist. Ist es nicht tröstlich zu wissen, dass jede Katastrophe und jede Gefahr einer mentalen Provokation gleichkommt?

Das wird möglicherweise Ihren Widerspruchsgeist wecken. Es wäre jedenfalls absolut verständlich, wenn Sie sich diesem Weltbild verweigerten. Dass der Mensch nicht die Krone der Schöpfung, sondern nur ein Rädchen im universalen Getriebe sein könnte, fordert unser Selbstverständnis heraus. Gerade deshalb ist es ungeheuer wichtig, dass Sie die Perspektive von Handlungsspielräumen bei diesen Theorien mitdenken. Sie sind nicht hilflos. Allerdings sind sie aufgefordert, die Zeichen der Zeit ernst zu nehmen. Mit Ignoranz werden wir scheitern. Mit einem wachen Geist jedoch und mit der Bereitschaft, wesentliche Lebensbedingungen zu ändern, stehen Ihnen wirkmächtige Strategien offen.

Was aber können wir aus all dem für die wirtschaftlichen Entwicklungen folgern? Da sich Landscheidts Forschungen nicht auf Individuen beziehen, sondern auf große gesellschaftliche Gruppen, liefert er gleichzeitig essentielle Grundlagen für die Analyse des Finanzsystems. Perioden von Stabilität und Instabilität sind seiner Interpretation nach »verhandelbar« – sie stellen die Menschen nicht vor vollendete Tatsachen, stattdessen repräsentieren sie Herausforderungen. Es liegt also in der Hand eines jeden, wie er seine Erkenntnis- und Entscheidungsfähigkeit positiv nutzt.

Wenn wir nun die Mechanik von Krisen und Umbrüchen weiter verstehen wollen, kommen wir sehr schnell zu dem Themenkomplex der Kommunikation. Zwar ist evident, dass kollektive Entwicklungen synchron verlaufen müssen, da alle Menschen den selben Feldern ausgesetzt sind. Dennoch hat sich immer wieder gezeigt, dass exponierte Führer und Multiplikatoren eine Avantgarde bilden, die ihrer Zeit und ihren Zeitgenossen weit voraus sind. Vermutlich sind diese Pioniere des Zeitgeists besonders empfänglich für Feldschwankungen, empfänglicher als die Masse. Warum aber lösen diese Pioniere durch ihr Denken, Fühlen und Handeln regelmäßig große Bewegungen und Umbrüche aus? Wie nehmen sie Einfluss? Wie können sie ihre Ideen und Ziele einer unübersehbar großen Menge von Menschen vermitteln?

In unserer Gegenwart könnte es daran liegen, dass sich neue Ideen durch eine umfassende Medienpräsenz immer rascher, geradezu viral verbreiten. Vor allem seit das Internet zum großen dezentralen Kommunikator aufstieg, zirkulieren auch Interpretationsangebote jenseits des Mainstreams mit ungeheurer Geschwindigkeit und scharen große Gruppen um sich. Warum aber konnte eine historische Figur wie Napoleon die Massen mobilisieren, obwohl er keine nennenswerten Kommunikationsmedien zur Verfügung hatte? Wie steigerten sich vereinzelte Migrationen zu kontinentalen Völkerwanderungen, die die geopolitische Landschaft Europas nachhaltig veränderten? Auf welche Weise also verstärken sich individuelle Verhaltensänderungen zu einem Massenphänomen?

Offensichtlich gibt es Einflussgrößen, bei der kommunikative Prozesse über weite Entfernungen und sehr unterschiedliche Kulturen hinweg wirksam werden können. Der Biochemiker Rupert Sheldrake machte sich als erster daran, diese äußerst rätselhafte Selbstverstärkung gesellschaftlicher Bewegungen zu untersuchen. So kam er zu der These, dass morphische Felder sämtliche Lebewesen zu Kollektiven verbinden. Erscheinungen wie Zellbildung, aber auch Information und Wissen werden seiner Sicht nach in übergeordneten Feldern gespeichert und sind dort einer unbegrenzten Anzahl von Menschen zugänglich. Sämtliche Entwicklungen und Lernprozesse, so Sheldrake, verharren nicht in Nischen – sie werden unsichtbar kommuniziert, sodass prinzipiell jeder Mensch auf dem Erdball daran partizipieren kann.

Vor allem dann, wenn bestimmte Handlungen permanent wiederholt werden, bilden sich starke Informationsfelder und schaffen neue Verhaltensmuster. Selbst spätere Generationen könnten darauf zugreifen – diesen Vorgang nennt Sheldrake »Memory-Effekt«. Es handelt sich dabei um ein gigantisches globales Gedächtnis. Was in der Fachwelt zunächst als abenteuerliche Spekulation verworfen wurde, zeigte durch vergleichende Studien etwa von Genmutationen verblüffende Evidenz. Sheldrake wies nämlich darauf hin, dass bestimmte Mutationen von Pflanzen fast zeitgleich auf verschiedenen Kontinenten stattfanden. Ein Farn in Südamerika beispielsweise mutierte auf dieselbe Weise wie ein Farn in Europa.

Bei Tieren stellte Sheldrake Ähnliches fest. Hier ging es nicht um Mutationen, sondern um Lernprozesse. Die berühmt gewordenen »Sheldrake'schen Spatzen« wurden sein Paradebeispiel. Er beobachtete, dass eine bestimmte Spatzenart in Großbritannien eine Methode entwickelte, Milchtüten aufzupicken, die morgens vor den Haustüren abgestellt worden waren. Fast zeitgleich trat diese unkonventionelle Art der Nahrungsbeschaffung auch in den USA auf. So wie auf der britischen Insel pickten Spatzen plötzlich Milchtüten auf. Über eine Distanz von Tausenden von Kilometern hatte sich diese Fertigkeit übertragen.

Partizipieren auch Menschen an morphischen Feldern? Sheldrake konnte diese Frage positiv beantworten. Experimente aus der Humanpsychologie hatten schon länger belegt, dass bestimmte Fähigkeiten leichter zu erlernen sind, wenn sie zuvor von anderen Menschen verinnerlicht wurden. Und mehr noch: Kulturell bedeutsame Erfindungen wie das Rad wurden nahezu synchron in unterschiedlichen Erdteilen gemacht.

Sheldrake setzte sich daraufhin mit der Hypothese auseinander, ob das menschliche Hirn ein lokaler Gedächtnisspeicher sein könnte, in dem kollektives Wissen aufbewahrt wird. Seine Forschungen beweisen das Gegenteil. Denn selbst dann, wenn bei einzelnen Personen etwa durch Unfälle bestimmte Hirnareale geschädigt wurden, konnten sie im Anschluss weiter von den übergeordneten Gedächtnisspeichern profitieren. So formulierte Sheldrake den Satz: Das kollektive Gedächtnis ist nicht lokal im einzelnen Gehirn bestimmbar.

Unterstützung fand er unter anderem durch die Forscher Peter Gariaev, Alexander Gurwitsch und Jean E. Charon. Sie alle kamen zu dem Schluss, dass nur ein ganzheitliches Verständnis der Kosmologie Aufschluss über Massenbewegungen geben könne. Da jeder einzelne Mensch Teil eines alles durchdringenden und alles verbindenden Energie- und Informationsfeldes ist, hat er auch jederzeit Zugang zu allem, was jemals erlernt, erfunden und gedacht wurde. Das führt zu homogenen Strukturbildungen, die auf der gesellschaftlichen Ebene beispielsweise durch länderübergreifende Kriege, Völkerwanderungen und Erfindungen abgebildet werden. Wenn Sie nun in Betracht ziehen, dass alles Leben im Wesentlichen aus Quanten und damit aus Energien besteht, können wir von einem permanenten globalen und universalen Energietransfer sprechen.

Damit gelangen wir zu der Feststellung eines außerzeitlichen und außerräumlichen kosmischen Gesetzes, das im Einklang mit sämtlichen Theorien über die Einflüsse elektromagnetischer Felder steht. Die Funktion morphogenetischer Felder nämlich ist untrennbar an Magnetfelder gebunden. Morphogenetische Felder wirken somit als Regel- und Steuerfaktoren. Sie installieren eine harmonikale Ordnung im gesamten Universum, die physikalisch als eine geordnete Struktur von Schwingungen beschreibbar ist.

Da Quanten überall wirken und streng genommen nicht lokalisierbar sind, werden gleiche Muster überall im Universum wiederholt, im Großen wie im Kleinen. Die Wiederholung wird durch permanente Rückkopplung und Wechselwirkung gewährleistet, oder, allgemein gesprochen, durch energetische Kommunikation. Wenn sich also an irgendeinem Punkt des Universums etwas Neues ereignet, so verändern sich die Gegebenheiten auch an jedem anderen Punkt. Auch hier wirken fraktale, selbstähnliche Strukturen. So wie im Hologramm jede Einheit das Ganze enthält, wird auf der atomaren und zellulären Ebene alles abgebildet, was geschieht.

Wenn nun beweisbar ist, dass Informationen wie ein Bauplan im kosmischen Archiv verfügbar sind und durch das Medium Gehirn aufgenommen und weiterkommuniziert werden, versteht man die rätselhafte Synchronisation von Ideen und Handlungen selbst in komplexen Gesellschaften. Alles ist abrufbar, nichts geht verloren. Auf diese Weise kommen wir den auf den ersten Blick rätselhaften Dominoeffekten des Finanzsystems näher, dem bereits erwähnten »Herdentrieb«. Die Kurse, das haben wir gesehen, unterliegen zyklisch wiederkehrenden Rhythmen. Ihre Steuerung erfolgt über morphische Felder und deren elektromagnetischen Energietransfers und können sich in Sekundenschnelle verbreiten.

Auf der psychischen Ebene sind solche Vorgänge lange bekannt. Der Schweizer Mediziner und Psychologe Carl Gustav Jung prägte dafür den Begriff des »kollektiven Unterbewusstseins«. Jung ist der Begründer der sogenannten »Analytischen Psychologie«. Sein Einfluss reicht weit über sein Fachgebiet hinaus, denn seine grundlegenden Forschungen über die Psyche des Menschen konnten auch für Disziplinen wie Theologie, Anthropologie und Kulturtheorie fruchtbar gemacht werden.

Eine der bahnbrechenden Erkenntnisse Jungs betreffen die Unterscheidung von Ich-Bewusstsein, persönlichem Unbewussten und kollektivem Unbewussten. Letzteres speist sich laut Jung aus ererbten Erfahrungen der Menschheitsgeschichte. So konnte er außerpersönliche Persönlichkeits-strukturen herausdestillieren, die definitiv nicht auf individuellen Erfahrungen fußen. Das heißt, dass es Eigenschaften, Bewertungsmodi und Handlungsweisen gibt, die nicht vom einzelnen Menschen erlernt werden, sondern verfügbar sind. Ausdruck dieses nicht personalen Gedächtnisses sind für Jung die Archetypen. Er konkretisiert sie als Urbilder des Unbewussten, als Summe menschlicher Vorstellungen und Urerfahrungen. Dazu gehören die Zyklen von Geburt, Kindheit, Pubertät, Alter und Tod. Dazu gehören aber im Wesentlichen auch Bilder und Symbole, die in allen Kulturen auftauchen und oft durch Visionen und Träume evoziert werden. In Kunstwerken, Märchen und Mythen werden sie dann sichtbar und kristallisieren sich in archetypischen Figuren wie dem Kind, dem Krieger, dem Wanderer oder dem Engel.

Das Interessante dabei ist, dass solche Archetypen in allen Kulturen die gleichen Assoziationen auslösen und die gleichen Bedeutungen haben. Jung nennt als Beispiel den Kreis, der ausnahmslos als Symbol der Ganzheit und Vollstän- digkeit wahrgenommen wird. Als Mandala wird er in den meisten Kulturen künstlerisch variiert. Auf der mythischen Ebene zeigt sich die Gültigkeit der Archetypen in charakteristischen Figuren wie der »Großen Mutter« oder des »Helden«.

Wie nun kommt es zu den verblüffenden Parallelen über Zeit und Raum hinweg? Jung erklärt sie als »arttypische Programme«, die von Beginn der Menschheit an als Überlebensprinzip und optimale Anpassung an Umweltbedingungen entwickelt wurden. Es verwundert nicht, dass Jung die universale Wirkmacht solcher ererbten Muster und Vorstellungen auf alle Lebensbereiche ausweitet. Dazu gehören die Erkundung des eigenen Lebensraums, der Spracherwerb und die Teilnahme am ökonomischen Leben. Lange also, bevor auf der biophysikalischen Ebene nach Gründen für eine universelle Kommunikation gefahndet wurde, beschrieb Jung ihre Ausprägungen mit visionärer Genauigkeit.

Basierend auf den Jungschen Theorien ist es daher schlüssig, von einem gemeinsamen Bewusstsein der gesamten Menschheit auszugehen. In dieses Bewusstsein werden unablässig neue Erfahrungen und Emotionen eingespeist. Wenn daher ein besonders risikofreudiger oder gieriger Börsianer große Mengen von Aktiendepots kauft oder sie aus spekulativen Gründen verkauft, hat das unmittelbaren Einfluss auf andere Akteinhändler. Noch bevor sie ihre Charts checken oder die aktuellen Börsenkurse im Internet abrufen, spüren sie die emotionalen Energien, die dabei freigesetzt werden – Optimismus und Pessimismus, Furcht und Übermut. Über empathische Programmierungen überträgt sich daraufhin die emotionale Disposition – ein Trend wird installiert.

Da aber die unbewusst agierenden »Nachahmer« leicht zeitversetzt kaufen, können sie sich sehr leicht verspekulieren. Das heißt, dass sie einem Trend folgen, der im nächsten Moment schon wieder durch einen neuen abgelöst sein könnte. Sie verpassen also gewissermaßen den Spitzenwert

des Zyklus und handeln erst, wenn er sich seinem Ende zu-
neigt. Das ist die unheilvolle Kehrseite des »Herdentriebs«:
die Avantgardisten heimsen den Erfolg ein, während ihre
Follower meist zu spät kommen.

Glücklicherweise werden jedoch nicht nur Furcht und
Gier in die morphischen Felder eingespeist, auch jede noch
so kleine positive Emotion wird im kollektiven Archiv gespeichert. Viele positive Emotionen etwa können eine Gesellschaft durchaus in ein von Liebe und Frieden bestimmtes
System überführen. Eine schöne Illusion?

Möglicherweise erinnern Sie sich noch an den kollektiven
Taumel, den die Fußballweltmeisterschaft 2006 in Deutschland auslöste. Selbst Menschen, die sich überhaupt nicht für
Fußball interessierten und auch die Spiele nicht verfolgten,
waren wie angesteckt von dem kollektiven Gefühl der Freu-
de. Das war keine hypnotische Manipulation. Es war das le-
bendige Wirkungen von Feldern, die uns energetisieren, unsere Stimmungen und Handlungen verändern und ganze
Völker im wahrsten Sinne des Wortes »elektrisieren«. Das
kann ebenso gut negativ passieren, etwa wenn sich demago-
gische Kriegstreiberei in einen kollektiven Kriegstaumel verwandelt. Ihr Urprinzip ist das Wirken der Sonne und der anschließenden geomagnetischen Feldveränderungen.

Rückbezogen auf unser Finanzsystem, aber auch auf politische Umwälzungen und Kriege werden Krisen, ganz allgemein gesprochen, von der Sonne »geschickt«. Wer jetzt nach
dem Warum fragt, rührt tief an unser kosmisches Schicksal.
Spirituell inspirierte Physiker gehen so weit, dass sie die

Sonne als gleichsam göttliches Gestirn betrachten, das uns führt und, falls nötig, korrigiert. Ein Sinn könnte also darin liegen, dass wir Menschen immer wieder die Chance erhalten sollen, durch Verunsicherung, Verlust und Destabilisierung unser Tun zu reflektieren. Ich persönlich neige dazu, dieser Erklärung zuzustimmen.

9. KAPITEL: SURVIVAL KIT
Wie Sie die kommenden Krisen meistern

Vielleicht habe ich Sie mit dem vorangehenden Kapitel nachdenklich gemacht. Und vielleicht haben Sie bei der Lektüre über Ihre eigenen Krisen nachgedacht. Ich würde mich freuen, wenn Sie jetzt bereit sind, Krisen als Transformationsräume zu akzeptieren. Falls Ihre Welt »in Ordnung« ist, wie es umgangssprachlich heißt, wird Sie dieser Gedanke nicht sonderlich begeistern. Aber machen Sie eine ehrliche Bestandsaufnahme: Ist Ihre Welt wirklich in Ordnung? Oder haben Sie sich an Missstände gewöhnt, haben sich angepasst an Bedingungen, die Sie im Innersten Ihres Herzens nicht gutheißen? Haben Sie sich mit Kompromissen arrangiert, wider besseres Wissen?

Bevor ich Ihnen nun konkrete Verhaltensweisen empfehle, wie Sie mit Krisen allgemein und mit der voraussichtlich finalen Krise von 2012 umgehen können, sollten Sie sich diese Fragen in einer ruhigen Minute beantworten. Möglicherweise entdecken Sie Vieles, was Sie stört, was Sie einengt und auf Dauer sogar deformieren könnte. Das sollten Sie im Blick behalten, wenn Sie diffuse Ängste spüren. Oft nämlich sehnen wir uns nach Veränderung, ohne es zu wissen. Veränderungen sind unbequem, weil sie unsere liebgewonnen Gewohnheiten beenden. Daher besetzen wir sie negativ und etikettieren sie dementsprechend auch mit negativen Begriffen: Zusammenbruch, Katastrophe, Untergang, Apokalypse.

In jeder Krise jedoch zeichnet sich der Beginn von etwas Neuem ab. Schon die gegenwärtige Finanzkrise hat viele aufwachen lassen. Sie beklagen nicht nur ihre individuellen Verluste, sondern stellen das gesamte System in Frage. Nicht alle sind aufgewacht, zugegeben. Doch überall auf der Welt ist der Wunsch manifest, das Kasino zu schließen und den Wahnsinn der Spekulationsblasen zu beenden.

Noch sind es zu wenige, um den entscheidenden Wandel hervorzurufen. Doch es gibt Signale, starke Signale. Die marode Staatsbank HRE etwa hat ihren Börsengang rückgängig gemacht. Die Verantwortlichen ziehen endlich die Konsequenzen aus dem fatalen Mechanismus eines börsenfixierten Finanzmarkts, in dem faule Kredite und andere virtualisierte Geldprodukte zirkulieren. Der aktuelle Höhenflug des Goldpreises steht daher auch für den Rückzug aus unsicheren Sortengeschäften und riskanten Aktienmanövern. Wer in Gold investiert, kehrt zu verlässlichen Werten zurück. So, wie gesellschaftlich die Rückkehr zu den humanen Werten angemahnt wird, überdenken zahlreiche Entscheider auch das Wesen ihrer materiellen Werte.

Insofern sind meine Überlebensregeln nur ein kleiner Teil Ihres Handlungsspielraums. Sie können sehr viel mehr tun, als sich mit den praktischen Auswirkungen einer Mega-Sonneneruption auseinander zu setzen. Das ist lediglich der erste Schritt. Auf der sinnbestimmten Metaebene werden Sie aufgefordert, Ihr gesamtes Leben auf den Prüfstand zu stellen. Um Ihnen die Unterschiede zu verdeutlichen, unterscheide ich zwischen der pragmatischen Survival-Strategie und einer generellen Exit-Strategie.

Beginnen wir zunächst bei einigen sehr handfesten Elementen der Survival-Strategie. Diese folgt der Logik einer umfassenden Lähmung unserer zivilisatorischen Steuerungen nach einem weltweiten Stromausfall. Jetzt ist Ihre Fantasie gefragt. Imaginieren Sie eine Situation, in der die Elektrizität ausfällt. Womit haben Sie dann zu rechnen?

Spätestens am dritten Tag nach der Mega-Sonneneruption werden Sie feststellen, dass Ihr Radiowecker stumm geblieben ist. Das vertraute Wecksignal ist ausgeblieben, und die Sonne steht bereits hoch am Himmel, wenn Sie erwachen. Sie wollen eine Dusche nehmen? Nun, da die elektrischen Pumpen der Wasserwerke versagen, werden nur ein paar Tropfen auf Sie herabrieseln. Ihre Kaffeemaschine verweigert den Dienst, Ihr Herd bleibt kalt, auf das gewohnte Rührei zum Frühstück müssen Sie verzichten. Wenn Sie sich dann auf den Weg zur Arbeit machen, werden Sie feststellen, dass keine U-Bahn und keine S-Bahn fährt. Auch Ihr Auto ist funktionsunfähig, da der elektronische Einspritzmechanismus versagt. Spätestens jetzt aktivieren Sie Ihr Handy, doch es ist kein Netz verfügbar. Anschließend versuchen Sie, sich Informationen per TV, Radio oder Internet zu besorgen – vergeblich. Ohne Strom keine Information, lautet die einfache Formel.

Seufzend finden Sie sich damit ab, dass dies kein Tag wie jeder andere werden wird. So laufen Sie zu Fuß zum nächsten Supermarkt, um sich wenigstens mit dem Nötigsten einzudecken. Dort bietet sich Ihnen ein unheimliches Bild: Plünderer schleppen die letzten Vorräte fort, unbehelligt von elektronischen Sicherungssystemen, die ohne Strom allesamt versagen. Die Verkäuferinnen sind hilflos: Ihre elektronischen Kassen funktionieren nicht, daher können sie ohnehin nichts verkaufen. Außerdem ist es dunkel im Supermarkt, und da die Kühlung ausgefallen ist, werden Fleisch und Milch bald verderben. An Nachschub ist nicht zu denken, da die gesamte Logistik fehlt – elektronische Bestellsysteme und Transport beispielsweise.

Allmählich werden Sie nervös. Weiß Ihr Arbeitgeber überhaupt, warum Sie nicht längst erschienen sind? Wann wird die Elektrizität wieder fließen? Weder Zeitungen, Internet noch TV und Radio stehen als Informationsmedium bereit. Dabei wüssten Sie zum Beispiel gern, ob Sie mit mehr rechnen müssen, mit Flutwellen, Hurricans oder Erdbeben beispielsweise. Niemand kann Ihnen Auskunft geben.

Tief verunsichert kehren Sie nach Hause zurück. Sie checken Ihre Vorräte. Wie lange werden sie halten? Einen Tag, drei Tage, eine Woche? Und dann? Woher bekommen Sie Wasser und Nahrungsmittel? Wie heizen Sie Ihre Wohnung, in der es stündlich kälter wird? Was können Sie tun, um den Abend nicht in deprimierender Dunkelheit zu verbringen?

126

Panik erfasst Sie, und Ihr erster Impuls ist die Flucht. Nur weg von hier, irgendwohin in die Natur, ist Ihr spontaner Gedanke. Sie holen also Ihr Fahrrad aus dem Keller und radeln los. Überall treffen Sie auf ängstliche und hysterische Menschen. Niemand weiß, wohin er sich retten könnte. Niemand weiß, was genau gerade geschieht. Chaos bricht aus.

Ich habe dieses Szenario entworfen, um Ihnen einen Eindruck von der Destabilisierung zu geben, die letzten Endes auch Sie erfassen wird. Und zwar auch psychisch und physisch. Ihr Geist versagt, Sie können keinen klaren Gedanken mehr fassen, weil die Feldeinflüsse völlig ungewohnt sind. Noch dazu könnten bohrende Kopfschmerzen Sie plagen, ebenfalls ausgelöst durch Erdmagnetfeldschwankungen. Und immer wieder fragen Sie sich: Warum habe ich mich nicht besser vorbereitet? Warum habe ich die Warnungen seriöser Wissenschaftler in den Wind geschlagen, die seit langem von unkontrollierbaren Risiken nach dem finalen Sonnen-Outburst sprechen?

Sie werden es bereits ahnen: Gefahren sind nur dann bedrohlich, wenn wir sie verdrängen und keinen Gedanken daran verschwenden, wie wir ihnen begegnen. Sind wir aber gefasst auf den Ausnahmezustand, haben wir die Option auf sinnvolle Vorsichtsmaßnahmen.

Beginnen wir mit ganz einfachen Dingen. Sie brauchen Kerzen und Streichhölzer, damit Sie nicht im Dunkeln sitzen. Sie benötigen einen Gaskocher aus dem Campingbedarf, um sich auch ohne Strom warme Getränke und kleine Mahlzeiten zuzubereiten. Und Sie sollten alles eingelagert haben, was nicht mehr problemlos zu beschaffen sein wird. An erster Stelle steht das Wasser. Kaufen Sie einige Kisten Mineralwasser und halten Sie Gefäße zum Auffangen von Regenwasser bereit, es ist nämlich ungewiss, wann jemals wieder Wasser aus dem Hahn fließen wird. Nun überprüfen Sie Ihre Vorräte. Sinnvoll ist es, haltbare Lebensmittel mit hohem Nährwert zu kaufen, Nüsse, Müsli und einge-schweißtes Brot. Wenn Sie überdies auf dem Balkon Obst und Gemüsevorräte angelegt haben, wird Sie das eine Weile retten.

Machen Sie sich bewusst, wie viele Geräte in Ihrem Haushalt nicht mehr funktionieren werden: Wasserpumpen, Kühlschränke, Tiefkühler, Boiler, E-Herd, Computer, Zentralheizung, Klimaanlagen, Waschmaschine, Trockner. Jetzt ist Ihr Improvisationstalent gefragt. Falls Sie einen Kamin haben, besorgen Sie sich genügend Heizmaterial, alternativ sollten genügend wärmende Wolldecken für alle vorhanden sein. Haben Sie dazu Wasser und Nahrungsmittel für etwa zwei Wochen eingelagert, können Sie mit ihrer Familie auch bei einem Notfall die erste Zeit recht gut überstehen. Vergessen Sie dabei nicht Medikamente, die Sie regelmäßig brauchen, sowie Kopfschmerzmittel, um die feldbedingten körperlichen Befindlichkeitsstörungen aufzufangen.

Mindestens ebenso wichtig ist es, dass Sie sich auf einen seelischen Ausnahmezustand vorbereiten sollten. Das Teilchenbombardement der Sonne führt in Stress-Situationen zu irrationalem Verhalten, häufig auch zu aggressiven Schüben. Möglicherweise hilft Ihnen hier die alte spirituelle

Weisheit, gelassen zu bleiben: »Versetze dich in den Zustand der reinen Liebe – und befreie dich aus den Fesseln deines Ichs – werde frei von allem«. Die Bedeutung dieses Satzes liegt im Loslassen. Sobald Sie verzweifelt versuchen, alte Strukturen aufrechtzuerhalten, verfallen Sie in eine gefährliche Starre und können nicht mehr mit der dringend notwendigen Flexibilität reagieren.

Und damit komme ich zur Exit-Strategie. Für alle, die in ökonomischen Kontexten arbeiten, hat das Loslassen enorme Wichtigkeit. Ganz gleich, ob Sie Trader, Analyst oder Investmentbanker sind oder ob Sie nur mittelbar mit diesen Berufsfeldern zu haben: Wer nicht schon jetzt sein Handeln reflektiert, wird 2012 zum Spielball kosmischer Kräfte. Deshalb sollten Sie sich Rechenschaft darüber ablegen, welche Motivation Sie antreibt. Davon hängt wesentlich ab, ob Sie Ihre Gefühle realistisch einschätzen und kontrollieren können. In der psychologischen Terminologie würde man sagen: Sie sollten erkennen, welche »nicht situationsadäquaten Emotionen« Sie antreiben. Solche, pragmatisch gesehen, »störenden« Emotionen führen nämlich immer wieder zu tragischen Fehlentscheidungen, weil die Sachlage außer Acht gelassen wird.

Es ist daher von größtem Belang zu fragen: Stehen Sie unter starkem existenziellem Druck? Haben Sie übergroße finanzielle Verpflichtungen, denen Sie kaum noch nachkommen können? Fürchten Sie Ihren Bankrott? Dann neigen Sie zu »Alles-oder-nichts«-Strategien. Beim Roulette würden Sie auf eine einzelne Zahl setzen, statt auf chancenträchtigere

Zahlenreihen wie Dutzend oder Farbe. Wenn am finanziellen Erfolg Ihr gesamtes Lebensglück und Ihre soziale Reputation hängt, gehen Sie viel zu hohe Risiken ein. Sie sind zum Erfolg verurteilt und werden damit große Misserfolge ernten.

Eine andere Frage ist: Sind Sie der Meinung, dass Sie sich mit Geld den Zugang zur Gesellschaft erkaufen müssen? Glauben Sie, dass Ihre Freunde Sie fallen lassen, wenn Sie nicht mehr mit einem luxuriösen Lebensstil punkten können? Auch dann sind Sie ein Risikokandidat. Denn das nächste Auto und die größere Wohnung stehen dann hinter Ihren Entscheidungen. Paralysiert von der Aussicht, sich bald noch mehr leisten zu wollen und leisten zu müssen, machen Sie fatale Fehler. Und schließlich ist eine letzte grundlegende Frage: Sind Sie ein guter Verlierer? Paradoxerweise treffen nämlich gelassene Verlierer die klügeren Entscheidungen. Wer dagegen mit Wut und Enttäuschung auf einen Verfall seiner Aktien reagiert, wird seine Kränkung sogleich mit der nächsten, weit riskanteren Transaktion wieder wettmachen wollen: Weil er unbedingt zu den Gewinnern zählen möchte. Diese Haltung ist übrigens bei Männern stärker ausgeprägt, weil sie meist zum unbedingten Siegeswillen erzogen werden. Sie erleben ihre finanziellen Aktivitäten als Wettkampf und können sich nur schwer entschließen, eine wichtige Transaktion zu überschlafen. Besser sein, heißt schneller sein, denken sie – und das ist oft ein Irrtum.

Ich erwähne diese problematischen Motivationen deshalb,

weil sie symptomatisch für viele waren, die in der Finanzkrise mit Pauken und Trompeten untergingen. Wir haben sie alle vor Augen, diese egogetriebenen Menschen, die sich permanent inszenieren müssen und ihre finanziellen Geschäfte lediglich als Mittel zum äußeren Zweck betrachten. Das trübt den Blick auf die Realitäten des Finanzmarkts ebenso wie den Blick für persönliche, menschliche Prioritäten.

Nun kann man Reifungsprozesse nicht einfach einfordern. Jeder muss zunächst an einen Punkt der Selbsterkenntnis gelangen, an dem er die Absurdität seines Treibens erkennt und die Risiken, die damit verbunden sind. Leider wird so mancher Spieler erst reifen, wenn er alles verloren hat. Davor kann ich Sie nicht bewahren. Doch ich möchte Sie aufmerksam machen auf Ihre neuralgischen Punkte und Ihre seelischen Verletzungen, die nur zu oft mit Geld und finanziellem Erfolg kompensiert werden. Heilung verspricht das nicht.

Der Psychoanalytiker, Soziologe und Ökonom David Tuckett weist überzeugend darauf hin, welche Steuerungen da wirken. Er hat sich intensiv mit den Theorien der Neuroökonomen und Verhaltensökonomen beschäftigt und resümiert, es seien meist negative Gefühle, mit denen Börsianer ihrer Arbeit nachgingen. Das Verhängnisvolle sei, dass dies den Akteuren meist gar nicht bewusst ist, denn unangenehme Gefühle würden nur zu gern verdrängt – Neid beispielsweise. Aber auch Angst könnten sich viele nicht zugestehen, weil sie Angst als Schwäche abtun. Kommt es dann zum Crash, spricht Tuckett von »emotionaler Inflation«, denn dann breche die Stunde der Schuldgefühle und Schuldzuweisungen an, bis hin zum Nervenzusammenbruch.

Tuckett begründete die »Emotional Finance« und führt sinnfällige Beispiele an, inwieweit Gefühle zum Stolperstein werden können. Auch er verweist auf das übergroße Ego vieler Finanzakteure. Nachdem er 2007 dreißig Fondsmanager befragt hatte, kam er zu dem Schluss, dass sie sich allesamt für einzigartig und unverwundbar hielten: »Sie glaubten, dass jedes Risiko von einem Kissen umgeben sei«, staunt Tuckett. Deshalb würden sie die realen Gefahren verdrängen: »Sie schafften es, diesen inneren Konflikt loszuwerden. Sie fanden Gründe dafür, warum sie ein außergewöhnliches Beispiel sind.« Tuckett schlägt daher vor, dass man das extrem kurzfristige Agieren auf dem Aktienmarkt gesetzlich unterbinden solle. An die Vernunft zu appellieren, so der Psychoanalytiker, sei vergeblich.

Und nun sind Sie dran. Haben Sie eine Exit-Strategie? Haben Sie eine Vorstellung von Ihrem Leben jenseits des ökonomischen Erfolgs? Wenn wir die Zeichen von 2012 richtig deuten, kommen wir nicht umhin, den Wandel zunächst bei uns selbst zu verwirklichen. Leicht ist das nicht. Noch immer sind Finanzflüsse die Pulsadern unseres gesellschaftlichen Organismus, und noch immer ersetzt der Kontoauszug das Bewusstsein für den eigenen Wert. Es wäre schade, wenn Sie Ihr Selbstwertgefühl an instabile Dinge heften.

Sie haben es in der Hand: Wandel oder Starre? Transformation oder Untergang? Ich wünsche Ihnen von Herzen, dass Sie die Anregungen dieses Buches zum Anlass nehmen, notwendige Veränderungen in die Tat umzusetzen. Die Chance haben Sie jetzt, denn die Zeit des Umdenkens ist bereits angebrochen. Wenn ich Ihnen also viel Erfolg wünsche, dann spreche ich nicht von geglückten Spekulationsgeschäften. Trauen Sie sich zu leben – so, dass Sie auch in Krisen ein glücklicher Mensch bleiben können.

.

DANKSAGUNG

Ich möchte meinem Mentor Dieter Broers danken, den ich schon seit einigen Jahren begleite und durch den ich in Wissensgebiete vordringen konnte, die den meisten Menschen verwehrt bleiben. Ein besonderer Dank gilt Christian Strasser und den großartigen Mitarbeitern des Trinity Verlages, die dieses Buch möglich gemacht haben. Und nicht zuletzt danke ich meiner Familie, die meine Arbeit stets verständnisvoll und ermutigend begleitet hat.

Rene Stauffer, Oktober 2009

LITERATURVERZEICHNIS

Begich, Nick: *Bewusstseins- und Gedankenkontrolle*, 2007

Bradley, D. A.; Woodbury, M.A. und Brier, G. W.: *Lunar synodical period and widespread precipitation*, 1962

Capra, Fritjof: *Verborgene Zusammenhänge*, 2002

Chizhevsky, A.: *Physical Factors of the historical Process*, 1971

Conforto, Giuliana: *Das organische Universum*, 2005

Cotterell, Maurice M.: *Astrogenetics – The New Theory*, 1988

D'Arcy Wentworth Thompson: *Über Wachstum und Form*, 1917

Gauquelin, Michel: *Kosmische Einflüsse auf menschliches Verhalten*, 1983

Gillman, Damian (Editor): *The W.D. Gann Master Stock Market Course*, 2004 (als pdf im Internet)

Landscheidt, Theodor: *Mystik und Liebe*, 1986

Landscheidt, Theodor: *Astrologie*, 2005

Martin, Wilhelm: *Sonne, Weltall, Materie*, 1969

McManners, Hugh: *Survival Total*, 1995

Morpheus: *Die Realitätenmacher*, 2005

Pohl, H. A. und Lamprecht, H. D.: *Wechselfelder umgeben wachsende Zellen*, Umschau, 6:366, 1985

Ring, Thomas: *Das Lebewesen im Rhythmus des Weltraums*, 1939

Roth, Gerhard: *Fühlen, Denken, Handeln.* Wie das Gehirn unser
    Verhalten steuert, 2001

Scheppach, Joseph: *Am Himmel ist die Hölle los*, 1999

Sheldrake, Rupert: *Das Gedächtnis der Natur. Das Geheimnis der*
    Entstehung der Formen in der Natur, 1990

Tiller, William A.: *Science and Human Transformation*, 1997

Witzemann, F.W.: *Die Planeten als Teil-Ursache der periodischen*
    Sonnenaktivität, 1999

»Eines steht fest: Nach 2012 wird unsere Welt nicht mehr dieselbe sein.«   *Dieter Broers*

Dieter Broers

(R)EVOLUTION 2012
*Warum die Menschheit
vor einem Evolutionssprung steht.*

256 Seiten, gebunden
19,95 €
ISBN: 978-3-9812442-1-2

Der Countdown läuft. Schon jetzt sorgt das Jahr 2012 für viele, oft abenteuerliche Spekulationen: Wird es zu Katastrophen kommen? Oder haben wir Anlass, mit großen Hoffnungen eine Zeitenwende zu erwarten?
Der Biophysiker Dieter Broers nahm zunehmend Anstoß an den apokalyptischen Szenarien, die zurzeit über das magische Datum 2012 verbreitet werden. Jenseits platter Untergangsfantasien führt er seine Leser stattdessen in die faszinierende Welt von Mythos und Wissenschaft. Von den legendären Maya-Kalendern bis zu modernster Astroforschung reicht das Spektrum seiner Recherchen. Sein Fazit ist wahrhaft revolutionär: Wir stehen an der Schwelle eines umfassenden Transformationsprozesses. Doch wir sollten vorbereitet sein, sagt Dieter Broers. Und präsentiert in diesem Buch alles, was man über 2012 wirklich wissen sollte.

Mehr über unsere Bücher:
www.scorpio-verlag.de

(R)EVOLUTION 2012
Die DVD zum Buch

(R)EVOLUTION 2012
Die Menschheit vor einem
Evolutionssprung
Nach einer Idee von Dieter Broers

ISBN 978-3-9812442-6-7
21,95 €

2012. Wohl keiner anderen Jahreszahl in naher Zukunft wird momentan mehr Bedeutung beigemessen. Im Spannungsfeld zwischen uralten Mythen und moderner Wissenschaft informiert Dieter Broers über Zusammenhänge zwischen Geist und Materie, der Aktivität der Sonne sowie die Konsequenzen für unser aller Weltbild.

Führende Wissenschaftler, wie die Astrophysiker Prof. Giuliana Conforto und Illobrand von Ludwiger, der Biologe Dr. Rupert Sheldrake, der Physiker Prof. Dr. Ernst Senkowski ergänzen und bestätigen Broers Forschungsergebnisse und verdeutlichen anschaulich, dass die Menschheit tatsächlich vor einem Evolutionssprung stehen könnte.

Mehr über unsere Bücher:
www.scorpio-verlag.de

2012 – ein Schicksalsjahr für unseren Planeten?

Dieter Broers
Checkliste 2012
*Sieben Strategien, wie Sie die Krise
in Ihre Chance verwandeln*

192 Seiten, gebunden
ISBN 978-3-941837-00-3
€ (D) 16,90 / € (A) 17,40 / sFr 30,90

»Checkliste 2012« ist ein Handbuch der besonderen Art. Klar und für jeden nachvollziehbar schildert der Biophysiker Dieter Broers, welche Ereignisse uns 2012 erwarten und wie wir uns darauf vorbereiten können. Denn nicht nur Naturkatastrophen und weltweite Stromausfälle werden sich 2012 ereignen. Alles spricht dafür, dass rund um dieses magische Datum ein Bewusstseinswandel erfolgen wird. Von den Kalendern der Maya bis hin zu den Forschungen der NASA ist belegt: Bedingt durch eine Veränderung der Sonnenaktivitäten werden wir eine mentale Revolution erleben, die unsere aus den Fugen geratene Welt heilen kann.

Mehr über unsere Bücher:
www.trinity-verlag.de